古代からの遺産争い

古代からの遺産争い

平柳一夫 著

信山社

はじめに

私が遺産の紛争事件の解決に関係するようになってすでに一〇年を過ぎた。

その間、それまで目にした古典文学に現れる遺産をめぐる紛争が脳裏を横切ったことが度々であった。その紛争の姿かたちは現代から離れて行ったものもあれば、そっくりそのまま残っているようなものもあった。そういう古典について、現実の紛争の実体に迫り、解決の道をさぐる立場から視線をあててみたときに、その古典が前に感じていたのとまったく別の姿を現してくる。そしてその作品のイメージが一転してしまうことすらある。作品は作品としてそれ自体を鑑賞すればよい、作者の日常生活とは違うのだという立場もあろうが、そうばかりもいくまい。文学研究者の著作には得てして、紛争の手続の進行過程や解決と、その背後に変化してゆく人の心から乖離していると思われる解釈、鑑賞が時にみられる。それは、古典の内容にかかわっている法への関心が薄く、その面からの考察がかならずしも十分になされていないからであると思われる。

この本で取り上げる古典文学作品の選択については、ご異論、ご批判も当然あると思われるが、ご寛恕いただいた上で、それらの作品にできる限り遺産の紛争という方向から光をあててその面での法と古典とのはざまを埋めることにささやかな力を注ごうと思う。

平成一三年四月

平柳一夫

目　次

第一章　わが国の相続の歴史

一　相続は誰の問題であったか

相続の歴史について述べる前に、まず相続問題の前提として相続の対象となるものが存在しなければならないから、そのようなものを持っている人達、持っていなかった人達にどうしても触れておく必要があると思われる。

われわれ一般の庶民が相続について語りはじめたのはいつのころからであろうか。そしてまたわれわれが普通その相続を語るときは、遺産か祖先の祭祀だけを言っているのであっていわゆる法制史といわれるものの上で術語として使用される神火相続、祖名相続などの語は関係ないのである。してみれば、われわれが自身の「相続」を語り出したのは、「相続される人（被相続人）が死亡したときに相続をする権利のある一定範囲の人（相続人）が受けつぐことのできるような価値をもった財産（遺産）が存在しはじめた時期と一致するはずである。

私は、わが国ではその時期を昭和二〇年台後半の自作農創設特別措置法によるいわゆる占領米軍による農地開放の完了したころからはじまり、昭和四〇年台の高度経済成長下の国民所得の増加による物、とくに土地価格の上昇から庶民一般にも財産といわれるものが蓄積されたころと考えている。だが、現代においても、貧富の差がちぢまり、国民の多くが中間層意識を持っているとはいいながらお相続とは無縁の人々が多数存在するのである。

そういう観点からみると、遺産相続の歴史を振り返ると言って時代を区別して議論してみても、所詮、実は一般庶民であるわれわれにほとんど無関係なことを論ずることに外ならないことにならないかということになる。

もう少し例をあげてみる。われわれ庶民が語り出す前の相続は、古くから社会の支配者であり、自らを「貴族」と不遜極まる称号で呼んだ者達をはじめ、富有な高級武士、地主（本百姓のうち庄屋、名主階級）商家などが主に関係するもに過ぎなかったのである。万葉集のなから防人《さきもり》の悲惨な帰路の長歌をつぎに見ることにするが、このような死は、防人でなくともいわゆる「行路死人歌」として万葉集にいくつか詠まれている。そのほか道辺に小児が捨てられ犬や鳥に襲われて喰べ尽されることや放置された病人、飢死《うえじに》した野辺の屍《しかばね》は古代ではいくらでも見られたという古記録がかなり残存するのである（『萬葉集大成8』（平凡社）堀一郎執筆部分五二頁以下、杉山晴康『日本法史』（敬文堂）一三〇頁以下）。

足柄の坂を過ぎてみまかれる人を

見て作れる歌一首

1800 小垣内《をかきつ》の麻を引き干し妹なねが作り著せけむ白たへの紐をも解かず一重ゆふ帯を三重ゆひ苦しきに仕へまつりていまだにも国に退《まか》りて父母も妻をも見むと思ひつつ往《ゆ》きけむ君は鳥が鳴く東《あづま》の国の恐《かしこ》きや神のみ坂に和膚《にぎはだ》の服《ころも》寒らに烏玉《うばたま》の髪は乱れて郡《くに》問へど国をも告《の》らず家問へど家をも言はず益《ます》荒《ら》夫《を》の去《ゆき》の進みにここに偃《ふ》したり

大意は、垣の内の麻を刈り干してその可愛い妻が作って著せたであろう白い着物の紐をも解くことなく、一重に結んでちょうどよい帯なのに痩せ痩せて三重に巻いている。重労働の苦しい徴用を終へて、これから郷里に帰って父母や妻と再会しようと帰途についたあなたは、この東国のおそろしい足柄の山の坂で死体の肌さへ衣も寒そうに黒髪は乱れ、国を聞いても告げることもなく、家はどこだと尋ねても言うこともできない。兵士が帰ろうとして行きついたあげくの果てがここに倒れ伏して屍《しかばね》をさらしている。

というのである。

なお、結句の原文は、「此間偃有」で、「ここにこやせる」と死者に対する尊敬の念があったものとして訓《よ》もうとするのが現代の国文学者であるが、私は短歌実作者としてそのような軟弱な解釈はとらない。千蔭以前の旧訓の「たり」を採るものである。作者は、死者に対する現実（あとで述べる）を見ている。その哀れを身辺に感じながら詠みきたり、最後にそのやるせなさを抗議し、強い感動をもって締めくくっていると理解している。「たり」という助動詞を用いて、しっかりと確認し、またここにも死に倒れていると訴えたのである。

少し余談になるが、この歌で対象になった死者、つまり農民、漁民が関東をはじめ各地から養老令のうち、軍防令《ぐんぼうりょう》によって正丁（二一歳）に達した者の中から三人に一人の割で定められた、かなりの量の自弁の武器をも携《たずさ》えて徴収地におもむくのである。そしてそこで兵役だけでなく、いわゆる屯田兵として、雑役にも服し、都のみでなく、大陸からの侵攻にそなえ、防人《さきもり》として太宰府に送られたのである。勤めを終えて帰郷する粮料《ろうりょう》（糧食）は難波津までは公費負担であったけれども、それより遠いところは支給されず、勝手に帰れということであった。だから、この歌の主人公のように帰途、路頭に餓死したり、病死して故郷までたどりつけなかった者が多数あったのである。

それは、防人だけのことではなかった。日本書紀第二五巻孝徳記を見てみる。

復《ま》た役《つか》はれたる辺畔《ほとりのくに》の民あり、事了《お》へて郷に還る日、忽然と疾《やまひ》を得て路の頭《ほとり》に死ぬ。是に路の頭の家乃《すなは》ち謂《いへり》て曰《いは》く、何の故か人をして余《あ》が路に死せしむると。因りて死者の友伴《ともがき》を留めて強《あなが》ちに祓除《はらえ》しむ。是に由りて兄路に臥《ふせ》死ぬといへどもその弟収めざる者多し。

ここにいう「役《つか》はれたる辺畔《ほとりのくに》の民」というのは、正丁（二一〜六〇歳の男性の課役負担者）が一年に六〇日以内の強制的無報酬の雑役に徴発され、その義務を終って故郷に帰るときのことを言っている。おそらくは、過度の労働と、食物の不足からこのように死ぬ者が多かったことから、孝徳紀にもしるされたものであろう。死んだ道わきの家の者は、死者の連れを引きとめてお祓いをその連れの費用でさせたものだから、そのように死んだのが自分の兄でも知らぬ振りをする弟が多かったというのである。続日本紀和同五年（七一二）正月の項にも同様のことが見える。

このように見ただけでも、律令時代の戸令による戸籍の整備は、要するに賦役令と軍防令の施行のために、支配者層の労働の収奪とその支配権の確保それだけを目的としたものであると断定することは誤りではあるまい。

そのほか、万葉集には有名な山上憶良の「貧窮問答」があり、鎌倉時代や桃山時代には、路傍の賎貧ともいうべき庶民たちを描いた一遍上人絵伝をはじめとする風俗絵画（宮本常一『絵巻物に見る日本庶民生活誌』中央公論社）など数多く残されている。また江戸時代には幾度も襲った大飢饉、明治時代は製糸女工の哀史として知られる野麦峠の背景の極貧（その詳細は多小の誇張が見られるが平凡社ライブラリー『日本残酷物語5』一一〇頁以下参照）、昭和に入っても二・二六事件の原因のひとつに数えられる東北地方の疲弊による身売り、胎児の間引きなどはそんな昔ではない。どれをとってみても庶民には相続などあり得べくもなかったのである。このことは、諸外国でも時期に少しの遅速はあっても庶民が財産相続を語るようになったのはつい最近のことで、それまでは人々の貧困が続いていたことは一九世紀から二〇世紀はじめの文学ではっきりとみることができる。例えば、ロシヤではツルゲーネフ（一八一八―一八八三）の『猟人日記』、イギリスではディケンズ（一八一二―一八七九）の『オリヴァー・トゥイスト』、アメリカのオー・ヘンリー（一八六二―一九一〇）の各短篇小説など幾らでも挙げられるであろう。

しかし、とは言っても支配階層、富有階層が作り上げた彼等の財産相続制は、それなりの曲折を経ながら、その時代時代に合わせたある程度の合理性を持つこともあったわけで（もっとも明治時代から昭和二二年までの家督相続制は、為政者が四民平等の名のもとに庶民階層に押しつけた武家法でその意味では合理性はなかった）、現代にも影響を与えていることは否《いな》めない点も多くあると思われる。そういうことで私は庶民の立場に留意しながら、わが国を中心に相続の歴史を見てゆこうと思う。

二　弥生時代

このころは、経済もほとんど動きがなく、生活様式もごく単純であったから、単位ごとの生活構成員の財産にはみるべきものもなく、家族が生活する粗末な家屋と、生産手段である農具、漁具などの用具程度であったから、財産の相続はとくに意識されることなく、その家族内で自然のなりゆきで行われていたのが普通であったと思われる。農地についてもひとつの資材と考えられていたという説がある。

自然のなりゆきというと、年長の子から順次独立して家族を離れて生活をはじめることも当然あり得たことであるから、末子が最後にその家屋に残る形態もみられたであろう（チンギス・ハンの法では末子相続であることも参考とされよう。青木宮太郎訳『蒙古法の基本原理』原書房）。しかし、やがて四世紀、五世紀にかけて大陸から儒教文化が物とともに流れ込んで来たことと田地などの増加とが相俟って大王《おおきみ》（天皇《すめらみこと》の称号は七世紀ころからである）を頂点とする支配者層の群から富有者へと徐々に男女、長幼、嫡庶間の相続の序列らしいものがまず慣習として広まってきたものと考えられる。

なお、前にも言ったが学問上、この時代神火相続、祭祀相続、祖名相続など名付けて、その内容、遅速が議論されるがここでは直接益のあることではないし、かなり牽強附会と思われる意見も見受けられるので一切触れないこととする。

三　律令、平安時代初期

六世紀から七世紀に入るとさらに大陸から仏教文化をはじめとして大量の文物や思想がわが国に流入した。これもまた、まず支配者階層に浸透していったのは当然のことである。したがって律令制が施行されたといっても、当時の情報伝達などの状況と併せて考えると地域、人々の階層によってその必要度に応じて適用範囲もかなり違っていたと思われる。ただ、我が国の古代と同時代ころの中国では、父系的親族組織に基づく同居共財による家産相続であり、当時の日本では父系、母系の双方的親族組織に基づく遺産相続であるとするのが有力な考え方である。

ともあれ、家の相続と財産相続に分けて概観する。

1　家の相続

家の相続は、継嗣令《けいしりょう》（養老令では全四条である）の「嫡々相承《てきてきそうしょう》」の原則による「継嗣」と呼ばれた相続人（継嗣者）は嫡子＝嫡妻の長子）によって行われた。この相続法では、天皇家の親王をはじめ、三位以上の支配者層についての順位は厳密に定めているが、四位以下八位以上については、要するに誤りなく行えという趣旨の「四位以下ハ唯《(タダ)》嫡子ヲ立テヨ」とし、注に「庶人以上ヲ謂フ、其ノ八位以上ノ嫡子未ダ叙セズシテ身亡《(ナ)》ク、及ビ罪疾アラバ更ニ立替ルコトヲ聴《(ユル)》セ」とあるだけである。三位以上の支配者層においては、家の相続によって得る特権が大きく、その相続についての争いが常に起きていたから細かく定める必要があったのであり、庶民階層は、その家の相続について利害は少なく、関心もそれほどなく争いもなかったのでこのような定めとなったとも言えよう。

なお、「家の相続」と書いてきたが、ここでいう家の相続とは、実質は蔭位《いんい》相続とも呼ばれる位階相続に尽きると言ってよいものである。この「蔭」は祖先のおかげを意味し、「位」は位階を言っている。「蔭叙《いんじょ》」も同趣旨である。

2　財産相続

財産相続もまた養老令に定めがある（戸令（一三）応分条、喪葬令（一三）など）が、被相続人の遺言が優先し、遺言のないときに限って適用されたもので（亡人ノ存日ニ処分シテ証拠灼然タラバ、コノ令ヲ用ヒザレ）、その点では現行の法の系統に似ている。だが、大宝令では、ほぼ嫡出長子の単独相続であり、養老令では大宝からわずか十数年しか経ていないのに嫡子の特別の有遇を認めず（嫡庶異分）、分産相続の方法によっている。それは、急激に流入した大陸の家督相続の色彩がわが国の古来の慣習になずむことができず後退せざるを得なかったものと思われる。おそらく分産相続の期待者の有力な反対が勝利を収めたものであろう。

四　平安時代後期、鎌倉時代

平安時代後期から鎌倉時代に入ると支配者層として武士階級が公家《くげ》らに替って台頭してくる。一族、一門の観念が発達し、庶子（族人）に対する一族の長としての「惣領」の語が頻繁に日常用いられることになる。この「惣領」の意義は、長男の意味に用いられる現代の用例とは全く違って二義ある。ひとつは、地縁から生ずるもので、小地頭（現地の年貢、管理などに当たる幕府任命の武士の官職）を統括する者で、この官職及びその者を「惣領地頭」と言った。もうひとつは、その地縁の惣領と血縁とを兼ねた一族の長（家長）である者を意味した。

この意味をもつ惣領制は、鎌倉幕府の御家人役制度（御家人とは、将軍と主従関係を結び家臣としての身分を認定された者を言い、将軍の恩に対して軍事上、経済上の負担があり、それは所領の多寡に応じた。惣領はこれを庶子に配分する）と表裏をなすものであった。そして、それは当然庶子への所領分割相続を前提とする支配方式で、庶子相続は惣領の指揮に従うことが条件とされていたのである。しかし、鎌倉幕府の中期を過ぎると庶子の独立傾向が強くなり、惣領の支配力との衝突が激しさをましてきた。そこにさらに追い打ちをかけるように蒙古の襲来があり、これに対応するため、御家人の庶子にも御家人の資格を付与して動員せざるを得なくなった。それはますます庶子の力を増加させ、惣領制度が崩壊してゆく大きな原因となったのである。

この惣領制は東国の御家人については、九州地方より遅くまで維持されていたと思われる。九州では庶子の独立がいち早く進展し、所領も零細化し、惣領の支配下で族的な結合を図ることはより早く困難になっていたとされる。その一例として、足利尊氏が京都での新田義貞との一戦に破れ九州に逃げのびて来たとき在地の武士団に軍勢の結集を呼びかけた書面の文言が挙げられる。その文書の多数に「相催一族＝一族ヲ相《ア》ヒ催《モヨホ》シテ」とあるのがそれである。これは、惣領に宛てたものであるが、裏返すと尊氏の頭の中には、東国に残っていた惣領制があったのだが、その結果は期待に反したものであったと言われている。

なお、この項の以下の記述についても、支配者階層である武士の相続が主なものであり、必ずしもそれが被支配者階層である庶民のところに及んでいるわけではない。とくにこの時代後期に入ってからの次の家督相続には一般庶民は関係がないと考えてよいものである。

1　家督相続

家督制は、前記の惣領制と実は本質的に相反する制度である。すなわち、家督制は庶子への所領分割を拒むものであり所領の零細化を防止する支配方式ということができる。

このころの家督相続の内容は、主に家長の地位及びこれに伴う家産を含む権利（家長権＝ほぼ現在の民法前の明治民法での戸主権や親権に相当する＝）の相続であった。家督相続人は家長の指定で行われ法定されてはいなかったが、嫡出長子が指定されるのが通常であった。ただし、嫡出長子の能力に不足があるときは、「器量者」がその子の中から選ばれたのである（後記貞永式目二七条参照）。その例としてつぎに無住法師の沙石集巻一〇ノ四から「俗士遁世シタル事」日本古典文学大系85渡辺綱也校訂（岩波書店）四〇七頁をあげる。

（四）　俗士遁世シタル事

丹後の國ニナニガシトヤ、名モ承《うけたまはり》シガ忘レ侍リ。小名ナ〔リ〕ケレドモ、家中《かちう》不レ貧しからシテ、年タケテ病ニ沈《しづみ》テ失《うせ》ニケルガ、遺言《ゆゐごん》ニ、處分《しょぶん》ノ状《じゃう》〔八〕中陰《ちういん》スギテ可きレ開く之由、云置《いひおき》テケレバ、子息其の義ニテ開キ見《みる》ニ、男子八人、女子モ少々アリケリ。嫡子ニハムネト譲《ゆづり》テ、次男ヨリ次第ニスコシヅ、減ジテ、ムラナク譲《ゆづり》テケリ。コ、に嫡子申《まうし》ケルハ、「故殿《ことの》ノ譲《ゆづり》ノ上ハ、子細ヲ可きレ申すニアラネドモ、所存ノヤウ争《いかでか》申さで候べキ。故殿ハ果報《くわほう》モサル事ニテ、計《はからひ》モ賢クヲワ《（オハ）》セシカバ、京・鎌倉ノ宮仕《みやづかひ》・公役《くやく》ナドモ、カヒぐ〳〵シクヲ《（オ）》ハシキ。此の所領ヲカクアマタニワケテ、面々ニ安堵《あんど》ヲモ申《まうし》、宮仕ハム事ユ、シキ大事也。身苦《みくるし》ク人目モ見苦シ。サレバ一人ヲ面《おもて》ニシテ家ヲツガセテ、餘ノ人ハ給田《きふでん》ヲ分々《ぶんぶん》ニ少シヅ、エテ、山里ナレバ、水木《すゐぼく》ノ便宜《びんぎ》ノ所ニ庵室造《あんじつつくり》テ、入道ニナリテ念佛バシモ申《まうし》テ、一期《いちご》身ヤスクテスゴシタク存ズ。我《われ》ハ嫡子ニアタリテ侍レドモ、器量《きりやう》もなく身ナガラモヲ《（オ）》ボフレバ、此の中ニ一人エリテ、家ヲツガセ申《まうし》タク待リ。各《おのおの》評定〔シテ〕計《はからひ》給ヘカシ」ト云《いふ》ニ、可しとレ然る云《いふ》兄弟ナシ。嫡子申《まうし》ケルハ、「各《おのおの》モ用イ給ハズカ力《ちか》ラナシ。イカサマニモ某《それがし》ハ入道ニナリ候ベシ。此の中ニハ五郎殿ゾ器量ノ人ニテヲワ《（オハ）》スル。サレバ家ヲ繼給《ツギたまひ》テ宮仕《みやづかへ》給ヘ。各《おのおの》ハ一向《いっかう》其の影《カゲ》ニテ田作《つくり》テ引《ひき》入リテ候《さふら》ハヌ」トイヘバ、餘人モ其の義ニナリテ、皆入道シテ遁世門《とんせんもん》ニテアリト聞《きこ》ユ。賢《かしこき》之心ナルベシ。

いうところの趣旨は、わりに裕福な小名が遺言を残して死亡した。子は、男八人と女の子もいたが、長男には大半を譲り、あと順次減らしはしたが全員に遺贈してあった。しかし長男は、「ここでどうしても申したいことがある。遺言はそれなりに立派であるが、自分には器量がない。代って器量があるのは五郎（五男か）殿である。」と推薦して五郎に全てを相続させ、一同はその庇護に立つこととして一同出家した。というのである。

そのほか、吾妻鏡巻二六貞応元年（一二二二年）四月二七日の項に「乙巳《きのとみ》鳥居禅尼の所領紀伊国佐野庄の地頭職を以て尼一期《いちご》の後は、子息長詮法橋相伝す可きの由、仰せらるると云々」（『吾妻鏡㈤』龍粛（岩波文庫）一一頁）にみるように女性が家督相続人となる例がしばしば見られるのも、この時代の大きな特色と言えるのではなかろうか。

2　財産相続

この時代は、すでにかなりいなかの地方まで経済が発達し、家産のほかに家族個人の財産も存在していたと思われる。そしてそれらすべてを含む遺産を意味する遺跡《いせき》、跡《せき》、跡職《あとしき》（のちに跡式）の処分は原則として所有者の自由であったが、幕府は、所領については自由処分を当然のものとして禁じている。

遺産の処分は、出家遁世、隠居などによる生前譲与（贈与）と遺言による死後の譲与（遺贈）とが普通であり、前者は、処分状、譲状により、後者は、遺状《ゆいじょう》、置文《おきぶみ》などと呼ばれる文書または口頭で行われた。譲与の変更は、悔返《くいかえ》（悔還または「くりかへ」）というが、これは第三章十六夜日記の項で詳細を述べる。貞永式目（御成敗式目）には、相続についてかなり詳細に定めをしている。これはもちろん当時の世相そのものを反映しているのであるが、その二七条に相続人決定の大きな基準のひとつとして前に述べた相続人の器量（能力）とともに主君に対する奉公の度合いをあげている。

すなわち、

一　未処分跡事《ミソウブンセキノコト》

右且随奉公之深浅。且糺器量之堪否。各任時宜。可被分宛矣。

（かりに訓ずると、「右はかつ、奉公の深浅に随い、かつは器量の堪否を糺《ただ》し、各時宜に任《まか》せ、分《わか》ち宛《あ》てらるべし」）

未処分跡というのは、被相続人が生前譲与もせず、遺言もしなかった遺産ということで、もし、これについて紛争があれば、遺跡相論として、右の条項を規範とする幕府の判断がなされた。これについても第三章で述べるが、必ずしも裁許状（判決）の形で判断がなされるだけではなく、現代の裁判上の和解と同じように「和与《わよ》」という形式で訴訟が終了することも非常に多かったことが詳細明らかになっている（平山行三「和与の研究」吉川弘文館・佐藤進一「鎌倉幕府訴訟制度の研究」岩波書店）。

さて、この時代の財産相続人の範囲は、女子も含めて次子以下の子にも広く及んでいて、一通の譲状に子女ごとにそれぞれ譲与する物件を列記したもの（総配分状という）もみられるのである。

五　室町・安土桃山時代

この時代は、一言でいうと下剋上の時代で、不安と抗争が渦を巻き、封建的秩序が乱れ、崩壊の道を歩んだ時代である。そうなった原因はいろいろあろうが、元寇の役後の武士たちの恩賞に対する不満や、人口増加に伴わない農地の不足、貨幣経済の浸透によって商人が力をつけて来たことなどが挙げられるであろう。こういう世相が反映して家族法の一部門である相続法もまた変化してくる。

1　家督相続

鎌倉時代においては、「家督」は主に家長の地位とその権能を意味していたが、この時代になると、「家産」と同義に近くなる。そして名字（苗字《みょうじ》）を家産とともに重要視するところから名跡相続（名字と遺跡）という抽象的、観念的な内容を含む語が出現してくる。これは下剋上に対するそれまでの支配階層の反撥と優越感の保持とから生じたものとも推測される。また、一方、新しく台頭してきた階層の家の創設が続々と行われたことによる族的結合のゆるみから、その新しい個々の家の独立の象徴として、新名字が人々の意識に定着したと考えてもよいであろう。

そして、この時代は嫡出長男相続が原則となり、前代の判定困難を伴う「器量ノ堪否《カンピ》ヲ糺《タダ》ス」ことはみられなくなった。女子の相続も悔返も認められないようになる。その理由は、世相の混乱、家族の内紛の激化から、その萌芽を摘みとるための賢明な選択であったと考えられる。

2　財産相続

前代に分散相続が多かったことから、武士階層に所領の減少した家が増加した。そのため、次第に嫡出長子への単独相続に移行してくる。また女子に対する譲与もなくなり、このころようやく家産に対する私産の観念も広がったようである。

なお、隠居は、平安時代、鎌倉時代にも、上は法皇、上皇、入道などから、下は沙弥《しゃみ》に至るまでいろいろの名で呼ばれて行われていたが、この時代になって風習として定着した。一般的には隠居するときには、隠居分として全財産の一〇分の一を留保するのが恒例とされていたという。また、隠居といっても実権を掌握したままでいた例が多かったことは、後白河上皇、六波羅入道（平清盛）などで明らかであるが、このことはまた次の江戸時代のところで触れる。

六　江戸時代

前代の豊臣秀吉の行った検地（いわゆる太閤検地）とこれを継承した徳川幕府の政策の影響は一般の農民の余裕を奪い、他方、経済の活発から、弱者と強者の差が歴然と現れてくる。農村では耕地を有しない水呑百姓と本百姓の分化、さらに江戸末期には、酒田の本間家や越後蒲原《かんばら》の金貸しからのし上って来た幾つもの大地主の出現がみられた。また都市部での生活者は、下層では紙屑買い、日雇取《ひようと》り、棒手振《ぼてふ》りなどその日稼ぎの者が多かった（三谷一馬『彩色江戸物売図絵』（中央公論社）参照）。その反面、大阪の鴻池家、江戸の三井家などの豪商をはじめ、金融業者である札差らが武士をしのいで跋扈《ばっこ》する世となったのである（その言語を絶するような日常生活の贅沢《ぜいたく》は、武陽陰士「世事見聞録」本庄栄治郎校訂、奈良本辰也補訂、岩波文庫五の巻諸町人の事を見られたい）。

思想としては、この時代は林羅山からはじまる幕府の官学でもあった朱子学によって、君臣の義、父子の親、夫婦の分別、長幼の序、朋友《ほうゆう》の信についての実践倫理を基盤とする儒教規範もまた家族制度の中の相続について大きな影響をもたらした。

そうしてまた、士、農、工、商の身分制度の峻別化から統治者、支配者としての武家と農工商との間の相続法の分化もまたきわだってくる。

1　武家の相続制

嫡出長男の単独相続が原則化した。この時代の家督相続とは、被相続人の隠居によるものをいい、跡目《あとめ》相続は被相続人の死亡による相続をいうことが多かったのであるが、封禄は、封建制度上、当然のこととして私的処分権は剝奪され、世襲財産の対象からはずされてその与奪権は君主が掌握した。しかし、事実上は先代の封禄をそっくりそのまま改めて恩恵として賜与されるのが普通だったので、その意味では賜与と言っても形式的、手続上のものとも言えたわけであり、実質は家督相続であった。そうしてこの封禄の相続にはその見返りとして家業である主君に対する武士としての奉公は当然のこととして、その他、家名、祭祀の相続も付随してあったわけである。

2　農民の相続制

幕府の直轄領の農村に適用される幕法（各藩法はそれぞれ異なる）は、延宝元年（一六七三年）には、農地の生前譲与、遺贈について、次のような制限があった。すなわち、名主以外の百姓は反別では一町歩（約一万平方メートル）以上、所持名高は一〇石（約千八百リットル、四斗俵にして二五俵）の制限をもってこれに達しない農民については、農業経営の零細化、ひいては年貢、夫役の収納を危うくすることにより幕府財政を根底から揺がすとして、次男以下への分地を制限した。名主については所持石高は二〇石以上とより厳しくしていた。さらに、正徳三年（一七一三年）には分地の分も、一町、一〇石以上なければならないとされたから、事実上二〇石、二町以上持っている小地主クラスでなければ生前譲与も、遺贈もできなくなった。しかし、享保《きょうほう》七年（一七二二年）吉宗のときから分地は、一〇石、一町以下でも許され、新田開発が奨励されたので小百姓が増加した。だが、これらの小百姓はさらにその二、三男らに分地できるほどの田畑を所有しているわけではなかったので、その二男以下は、武家の小者、商家の丁稚《でっち》、職人の徒弟となるか、長男が引き継いだ農業の手伝いをしながら生涯を終るかという農村の疲弊と貧富の差をもたらした。

なお、新田開発による農地の増加部分は、開墾者の所有地とし江戸時代の初期から「鍬下年季《くわしたねんき》」と称し三年から数年の間年貢、夫役の免除の措置（「鍬下之内御年貢差免《くわしたのうちごねんぐさしゆるす》」）がとられた。また、その後、寛保二年（一七四二年）の公事方御定書では高請地（石盛という耕地の段《たん》当り基準生産高で石高を決定されて検地帳に登録された農地）でない開発新田、畑は分地制限から除かれた。そして江戸時代中期に入ると新田開発は個々の農民から大商人などによる投資対象となるものも出てきたが、その資本の回収にからんだ年貢免除が各藩で行われたようである。

ここで中世（平安後期から戦国期までの荘園公領制社会）から近世（織豊期から江戸時代まで）の農地を含めた土地の所有についてみておくと、中世までは、土地の私有権が個々の領民、農民に明確に認識されていなかったとされる。中世の領主らの土地領有が分化し始めたのは、天正二年（一五七四年）ころの秀吉の土地政策からである。彼によって土地の領知権（貢租収納権）と土地私有権が分別されたのであるが、秀吉の土地政策は太閤検地と呼ばれるが、その実際はまことに凄まじいものであった。その政策に違背する者については、「城主にて候はば、其もの城へ追入、各相談、一人も不残置、なてきりに可申付候、百姓以下に至るまで不相届に付ては、一郷も二郷も、悉なてきり可仕候……」（天正一八年―一五九〇年―の豊臣秀吉の浅野長政あて朱印状）と撫斬り、つまり城主はもとより、一村でも二村でもみな殺しにしてしまえというのである。そうして、天正二年三月一九日付法度で

一　在々所々作職事《（耕作権）》、去年作毛《（収穫）》之年貢納候ともから可相抱《（所有）》事。
一　あれふ《（荒田）》の田地、当地ひらき候百姓、末代可相抱《（所有）》事

とさきに「耕者有田」の宣言をしたことの実現を期したのである。そうした上でさらにその直後、百姓の身上《しんしょう》（所有権）を侵す者があったら、出家、侍であってもその身分にかかわらず殺してしまえ、「親子兄弟なりとも、贔負偏頗仕間敷事《ひいきへんぱつかまりまじきこと》」親子兄弟であっても容赦するなというのである（天正二年三月二二日在所掟之事）。

この政策は、その後、北条、伊達、島津らとの闘争についても最重要課題として進められてゆく。私は、秀吉がなぜこの政策を必死になって進めたかについてこれまでの歴史家が言及していないのか驚いている。以上の我が国の土地私有権の認識時期についての卓越した見識を示された双川喜文氏さえ然りである（その見解は、「近世の土地私有制」技報堂出版㈱に詳細である）。私は、秀吉の出自にそれは尽きていると思う。自らの生い立ちからして人間を働かせる源は人間の所有欲だと知っていたのである。この政策はいわゆる太閤検地により完成し、徳川幕府に引きつがれるのであるが、田畑について寛永二〇年（一六四三年）永代売買の停止（禁止ではない）の御触書が出た。これは年貢の円満な収納を目的とするものであるから違反者が出ても穏やかな処置がとられていたようである（前掲書による）。各藩についても同様であったであろう。

また、農家では、名字（苗字《みょうじ》）相続に似て先代からの個人名の襲名が行われたのである。

そうして、子弟を分家させるについて、農地、宅地を一部贈与する場合は、被相続人が自らの力で取得した財産の中から分け与えなければならなかった。被相続人は、親から相続した遺産をそのまま家の相続人に残してゆく義務があったのであり、家産の観念が存在していたのである。

例を挙げる。

親より家督を譲り給ふ時ハ……譲を請《うけ》る所の田畑家屋敷等迄我物と思ふべからず、又々子供に指《さし》譲り申迄ハ親より預り申たる品々なれバ少しも損不申欠も不致様に大切に預り置、子供成人の後時を得ば又指譲り申事（筆者不詳「農業横座案内」）

こうした家産思想が家名の相続観念と一体となって単独相続に向って行ったと考えられている。

以上に書いた農家はいわゆる本百姓階層で、問題は、宅地や田畑を持たない水呑百姓達である。小作や、本百姓の手間稼ぎで生計を立てていた彼等、しかも村の正式な構成員と認められていない者に財産の相続など問題になり得ようはずはないと考える。しかし、これに反対して、水呑層にも、領主や本百姓の労働力の確保からその家の相続が強制されて、ともかくも誰かがその家を継続したのであるから、その相続が権利ではなく強制された負担であっても相続であると主張する見解がある。この見解は、牽強付会の論である。「相続」の意義、概念についてはいろいろと考えが分れると思うが、水呑層がもし強制されて家の相続をさせられたものとその主張を認めるとしても、それはまさしく半奴隷的身分を強制的に継がせるものであって、そのようなものは相続の範疇外と私は考えている。

3　工、商の町民の相続制

商業や手工業の急速な発達から、分家や奉公人の別家（暖簾《のれん》分け）が多く行われた。とくに商人には富有階層が多かったし、農家のように分地制限などなかったから分家が普通であった。これは現代でいうと生前贈与の大がかりなもので、その意味では長男の単独相続は少なかったとも言えるのであるが、富有でない商家ではやはり単独相続が多かったのではあるまいか。

そうして、商家、特に老舗では、さきにみた農家の家産と同じように、当主は、先祖から相続した財産は減らすことなく子孫に引き継いで行かねばならないとする家訓が多く見られる。代々の当主はいわばリレーランナーの一人であり、一時の家産管理者であるとの自覚を促しているのである。例を挙げる。

亭主の心得

それ家を起すも崩すも、皆子孫の心得ばかりなり。亭主たる者、その家の名跡、財宝、自身の物と思ふべからず。先祖より支配役を預りをると存じ、名跡をけがさぬやうに子孫へ教へ、先格を能く守り勤め……。（西村家の家訓）

家内諭示記

一　家督わづかといへども、我が物にてはなし。悉く皆先祖の物を吾守營の身なれば、油断なく家業大切に怠らず励むべし。（向井家の家訓）

以上二例は、作道洋太郎『江戸時代の上方町人』（教育社）による。

そして商家でも屋号が家屋と一体のものとして引き継がれる。暖簾分けは、同一屋号の名乗りを許されることでもあったのである。

4　遺言制度の衰退と隠居の増加

単独相続が増加してくると、必然的に遺言相続が減少する。それは、家督相続が法制化された明治民法下では、遺言制度が財産的な意味をあまりもたなかったことをみても明らかであろう。江戸時代の後期も子のないときなどの特別の場合以外は遺言は行われなくなったといわれる。

隠居は、町民間では財産の蓄積とともに前代以上に流行し、隠居分の財産を確保した上で四〇歳台からの若隠居さへ行われ、相続が開始したのである。武家では、本来生涯奉公で力の続く限り隠居は認められるべきものではないのだが、やはり幕末近くには五〇歳台でもこれが認められている。だが、隠居とは言っても、いろいろなケースが見られ、完全に家政から身を引く者もあれば、背後からにらみを利かせて家（藩）政を牛耳っていた者も結構多かったのである。第二章のお由羅騒動の島津重豪《しげひで》（栄翁）や大御所となった徳川家康、秀忠、吉宗、家斉などがそれである。ちなみに家斉治政下の文化・文政の三〇年間は、のちに大御所様時代と言われた。

七　明治民法の時代

一般にわれわれは、ともすると明治民法を日本古来の淳風美俗を法制化したものであると考え勝ちであるが、実はそれは誤りである。これまでも見てきたように、わが国の相続制度には、子孫が遺産を受け継ぐということ以外に一貫したものは存在しないのである。明治初年から、明治民法の制定に至るまで、種々議論が重ねられたことは事実であるけれども、出来上ったものは、江戸時代の儒教的背景をもつ思想を伝統として基盤に据えた以外格別の理念があったわけではないと思える。例えば、夫に対する妻の隷従、嫡出長男による家督相続制、家長（戸主）権の強大化などなどを見ればそれは明確であろう。それは欧米諸国からの近代的平等、自由の思想の流入にもかかわらず、「家」尊重の精神を必要以上に維持しようと図ったものである。明治民法施行（親族、相続法は明治三一年七月一六日）前から四民（士農工商）平等の名のもとに、上級武家階層の相続のあり方を範とし、「嫡々相継《テキテキアヒツギ》傍親ヲ用フル莫《ナ》シ」の続日本紀《しょくにほんぎ》を引用するなどして単独相続制が採用されたものである。明治民法でいうところの「遺産分割」は、戸主以外の家族が所有していた財産（遺産＝家産ではなく固有の財産）についてのものをいう。

八　現行民法の相続制の問題

夫婦別姓の考え方に基づく夫婦間の相続を婚姻届を提出している夫婦と同一に認める必要のあること。非嫡の子の相続分を嫡出の子と同一にすべきことなどが速やかに解決されるべき問題と考える。また、各国とも渉外相続事件の増加がみられることから、遺言については、わが国でも条約に基づいて、欧米各国と基準を同じにした「遺言の方式の準拠法に関する法律」が昭和三九年に制定施行されている。しかし、法定相続分などは、各国ともいろいろ複雑な事情を抱えているところから、今のところ条約で統一することは到底望める状況にはない。また、分割すべき遺産についても、英米法系の債権者保護を優先させるか（債務をすべて清算した残りを相続人が分割し、しかも相続放棄を認めない＝清算主義）、大陸法系の相続人保護を優先させるか（相続放棄を認めて、相続放棄をしない場合にはじめて債務も相続したことにする＝承継主義）の対立も激しく、「死亡による相続の準拠法に関する条約」は各国の協議はととのっていない。

九　現代の相続紛争

明治民法（明治三一年施行）では相続について、嫡出長男の単独相続を原則としたから、一般庶民の間では特に目に立つような相続紛争は見られない。

家事審判・調停事件の遺産の分割に関する処分の新受件数
――全家庭裁判所――

年度	昭和24年	25	30	35	40	45	50	55	60	平成２年	7	11
件数	853	1068	2186	2917	3439	3926	4395	5167	5141	7703	8165	8950

（平成11年司法統計年報３　家事編による）

しかし、昭和二三年に施行された現行民法は、続柄《つづきがら》に基づく均分相続制度が採られていることと、国民それぞれの個の権利意識の高まりとともに核家族の増加と兄弟姉妹間の共同体意識の希薄化が進むことにより相続紛争が多くみられるようになった。家庭裁判所における遺産分割事件の推移を辿ってみると上の表のとおりである。

その具体的内容については、調停事件、審判事件の進行と審理はともに非公開で、知ることの出来るのは、判例集などの公刊図書や、一部の法律雑誌に登載される判決例や、審判例だけなのである。調停成立の結果である調停調書は、第三者には一切うかがい知ることができない。

それでは、判決例や、審判例などから、現行民法下でどのような相続紛争が起きているのか抽象的であるが見てみよう。

１　相続人の範囲の争い

相続人の範囲というのは、民法できまっているが、戸籍の身分を争うのである。例を挙げると、戸籍上は離婚になっている被相続人の妻が、その離婚は、被相続人が勝手に出した離婚届に基づくものだから無効であって、自分は妻の身分があると争い、あるいは逆に被相続人の二男と戸籍にはあるが、実は被相続人の妹の子を事情があって出生と同時に二男として届出たものであり、相続人の身分を持たないと争うなどである。

2　遺産の範囲の争い

ある土地と建物が被相続人から買受けたとして相続人の長男名義に登記されいるときに、それは被相続人がその死後の税金対策として勝手にやったもので売買の実態がない。被相続人の所有を移らなかったのだから遺産の範囲内である。そもそも売買があったとされる時期は、長男はまだ若かったのであるから、買受け資金がなかったはずであると長男以外の相続人が主張する。また逆に、ある土地と建物が登記簿の上では被相続人の名義になっているが、そのうち半分は自分のものであると長男が主張する。その理由は、その物件を購入するとき代金の半額を自分が負担したのだから、二分の一の所有権があるとして他の相続人と争うのである。実は、この二つの争い方は次の特別受益の争いと寄与分の争いともまた密接な関係がある。

3　特別受益の争い

特別受益というのは、次の特別の寄与分とともに、法定相続分の修正要素と言われているが、被相続人から生前贈与を受けた者は、遺産の額にその贈与分を持戻したものを遺産の総額として自分の取得分を計算し、そこから贈与分を差引いて余った分だけが取得できるのである。贈与額が、具体的に計算した自分の取得分を超えたら何も取得できないことになる。

それであるから、さきにあげた遺産の範囲の一つ目の争い方で、続けて、「かりに、その土地建物が、長男の所有であるとしても、それは被相続人からの贈与であるから特別受益というべきである」と争われることが多い。

４　寄与分の争い

寄与分というのは、被相続人の財産の維持や増加について特別の寄与をした者については、まず遺産の中からその分を引いて、残った遺産の中の寄与者の法定相続分とその差し引いた分を加えた額を寄与者の取得分とするのである。この寄与の種類は、労務提供、財産の提供、被相続人に対する療養看護などがあるが、親族間の通常の寄与ではだめで、特別のものであることが必要である。争いは、被相続人の子の一人Ａが、自分と妻とは被相続人と生活してきたが、その終り近くは、病気勝ちで寝たり起きたりになった同人を二年近くも看病した。これは寄与に相当するから、妻の分も含めて認めるべきだと主張する。これに対して、被相続人の他の子らが、その看護は、通常の親子間の扶養義務の範囲内にとどまり、特別の寄与に当たらない。また、Ａの妻は相続人でないからその寄与分の主張は失当であると反対して争いとなるとなどである（寄与分の話は**第三章一二**父の終焉日記の項に現われる）。

また、さきにあげた遺産の範囲の二つ目の争いで、争う側が続けて「かりに、二分の一の所有権が認められないにしても、物件購入時に、代金の半分を出捐《しゅつえん》しているということは、それだけの特別寄与分がある」と主張できるのである。

5　分割方法の争い

具体的な分割の方法の争いは、例えば、相続人間で同一不動産を取得したいと争い、被相続人が創立した個人会社の株式を経営権の獲得を目指す兄弟間で多数取得を争う。また、被相続人の先妻の子らが、後妻とは被相続人の結婚期間が短いから、妻といっても二分の一の法定相続分は多すぎる。少なくしろと争うなど多々ある。

6　遺産の評価の争い

遺産中、不動産や、個人会社の株式の評価については、取得したい相続人は、低く評価し勝ちであるし、取得しないで取得した相続人から金銭（代償金という）を受けとる側の相続人は、当然高く評価して争いが生ずる。これは、かなり多くの事件で起きる紛争で、最終的には客観的な鑑定により解決されている。

以上にあげた遺産についての現代の紛争はほとんど、現在の民法施行後に現れたもので、当然出現すべく出現した紛争ばかりであると言えよう。

第二章　古代天皇家、徳川将軍家、江戸期大名家の相続争い

前章でわが国の相続の歴史を概観したのであるが、この章では天皇家、徳川将軍家、徳川時代の大名家それぞれの家督相続の幾つかの争いを具体的に見てみる。

われわれとしては、その階層以外の富有商人、大農家などの相続の具体的な争いの内側の実情をも知りたいのであるが、遺憾ながら次章に見る一茶の一家の紛争くらいしか詳細を知り得ないのである。それは、一茶がたまたま文筆家であったからいろいろと書き残していたから分かるのであって、富有庶民間でも無数の遺産をめぐる紛争があったであろうが、それらの人びとは記録に残さなかったから内側からの紛争の具体性が見えてこないわけである。

では、記録が残っているからと言って、天皇家、徳川将軍家、江戸期大名家の相続争いの内実がその記載のとおりであるとは信じることはできない。それどころか逆に記録者の現在の権力者（相続人）へのへつらい、おもねり、怖れからくるその記述に客観性はあまり期待できないのである。「勝てば官軍」という事実はここにも現れる。敗者の書き残したものがあったとしても勝者にとって不都合なものはすべて抹消されて終るのがオチということになる。

なお、古代皇位継承については、受け継ぐものの内容が王権というすぐれて政治権力であったから、豪族らの遺産相続の家産の継承とは同一の面では論じられないとする考え方があるが、この説も、必ずしも両者が全く違うと言っているのではないと思われる。一般の遺産相続と言っても権力は伴うものであり、皇位継承にあってもやはり遺産の承継がついて回るのであるから、権力と財産のいずれに重点を置いてみるかの差異にすぎないということができる。

一　古代天皇家の家督騒動

1　雄略天皇をめぐって

――二朝迭立《てつりつ》　欽明期・南北朝期――

皇位継承（家督相続）の骨肉相食む相剋《そうこく》の凄まじさは、われわれ庶民の想像をはるかに超えるものがある。二五代に悪虐《あくぎゃく》残忍の限りを尽したとされる暴君に武烈天皇というのがいるが、この天皇が死亡したとき、その男の子はなかったのであるが、兄弟も従兄弟も生存者はなく、その周辺を見渡しても、女達だけがいるだけで、皇位継承者らしい者はどこにもいなかったのである。その時、大連《おおむらじ》大伴金村が連れ出したのが、当時越前にいた応神天皇の五世後の孫（仁徳天皇の弟の子孫）ということでよくも尋ねあてたともいうべきで、これが二六代継体天皇である。

さて、問題はなぜ武烈天皇の死後、そのいとこ、またいとこにも男子がいなかったかということとな

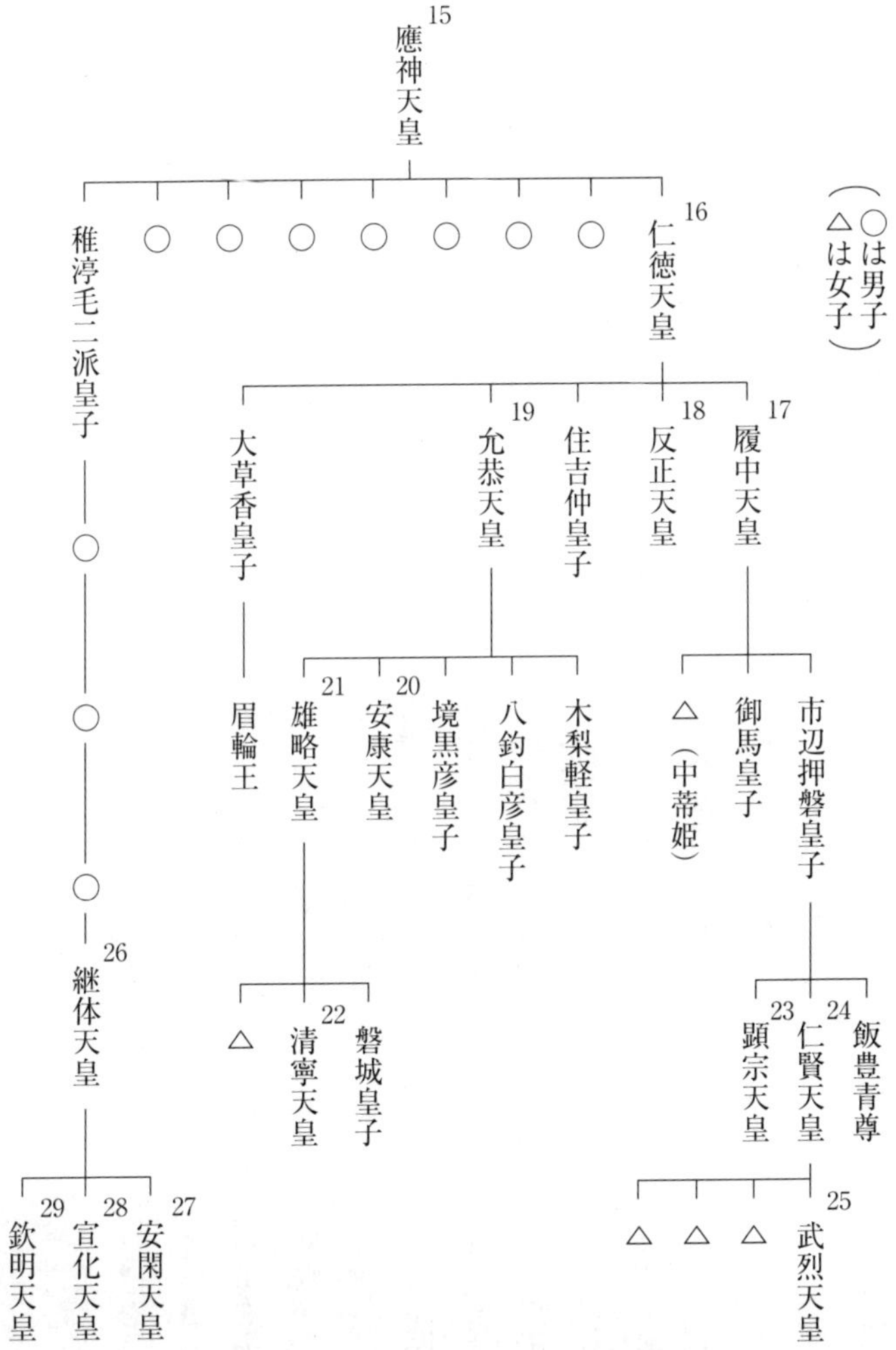

（○は男子 △は女子）
15 應神天皇
稚渟毛二派皇子
16 仁徳天皇
大草香皇子
19 允恭天皇
住吉仲皇子
18 反正天皇
17 履中天皇
眉輪王
21 雄略天皇
20 安康天皇
境黒彦皇子
八釣白彦皇子
木梨軽皇子
△（中蒂姫）
御馬皇子
市辺押磐皇子
26 継体天皇
22 清寧天皇
磐城皇子
23 顕宗天皇
24 仁賢天皇
飯豊青尊
29 欽明天皇
28 宣化天皇
27 安閑天皇
25 武烈天皇

のである。

仁徳天皇の男の子には、後の一七代履中天皇（長男）、一八代反正天皇（三男）、住吉仲皇子（二男）、一九代允恭天皇（四男）大草香皇子（五男）がいたが、住吉仲皇子は履中天皇に皇位を争って殺害され、允恭天皇の子二〇代安康天皇はその兄木梨軽皇子を殺して位に即き、位に即くとさらに叔父の大草香皇子をも殺害している。そして自分はというと、大草香皇子の子の眉輪王に寝首を掻かれている。この時、眉輪王はまだ七歳であったというが、遊んでいるときに安康天皇が眉輪を将来の危険人物だと言っているのを耳にして、安康天皇が昼酒に酔って皇后（中蒂姫？）に膝枕して眠っているところを刺し殺したというものである。そしてその眉輪王もまたすぐに安康天皇の弟二一代雄略天皇に殺される。この雄略天皇というのは、二五代の武烈天皇と同じく、人を殺すことなど何とも思わない大変な男で、眉輪王を殺害するとすぐにその足で皇位継承のライバルである兄の八釣白彦《やつりのしろひこ》皇子、同じく兄の境《きかあひのくろひこ》黒彦皇子履中の子でいとこに当たる市辺押磐《いちのべのおしは》皇子、御馬皇子らを次から次へと惨殺し尽してしまい、雄略天皇の子二二代清寧天皇が男の子がなくて死亡するや、またいとこの兄弟二三代顕宗天皇（弟）二四代仁賢天皇（兄）が皇位を継ぐほか皇位継承者はいなくなっていたのである。そうして仁賢天皇の子武烈天皇に子がないまま武烈天皇が死ぬと、皇位を継ぐべき立場にいる男は「そして誰もいなくなってしまった」ということなのである。

このような凄まじい殺戮の皇位相続の争い、権力闘争が何から生じたかについては、仁徳天皇までの皇位相続の慣習の父子承継の相続の型が兄弟相承の型に変化したことにあるとされる。しかもその変化は、外戚の権力の長期維持策から来ていると分析する考え方がある。すなわち、履中、反正、允恭三天皇は、いずれも葛城襲津彦《かつらきのそつひこ》（竹内宿祢の子）の娘磐之媛の生んだ子であり、その子らを次々と即位させることが葛城氏が長期の権力維持を図ったことによるとするのである。そうして、その後も近世に至るまで皇位の長子相続は確定することなく経過し、兄弟間の相続例は枚挙にいとまがない。もちろん、そのすべてが外戚の影響下に行われたものであるとは言えないにしても、常にこれに似た事情が背景にあったのであろうと想像されるのである。

前に継体天皇が遠い傍系から入って皇位を相続したことを述べたのであるが、その没年は必ずしも明らかではないばかりでなく、その死亡原因もはっきりしていないし、しかも、その死亡直前に欽明天皇が即位しているようなのである。しかし、その即位を認めない一派が欽明天皇即位後、在位中に安閑天皇と宣化天皇を続けて皇位の相続をさせていることがうかがえ、二朝迭立《てつりつ》の構造を示している。もっとも、日本系譜綜覧によると、この三人はいずれも継体天皇の子で、安閑天皇が長男、宣化天皇が二男、欽明天皇が三男であるが、その順に二七代、二八代、二九代となっている。この二朝迭立の欽明天皇の支持派は蘇我氏、安閑天皇、宣化天皇の擁立派は大伴氏であったとされている。大伴氏はさきに継体天皇を連れ出して来て擁立し権勢を誇っていたが、宣化天皇死亡後は、欽明天皇の子らがつぎつぎに皇位を相続するに至り（三〇代敏達、三一代用明、三二代崇峻、三三代推古の各天皇）その力を

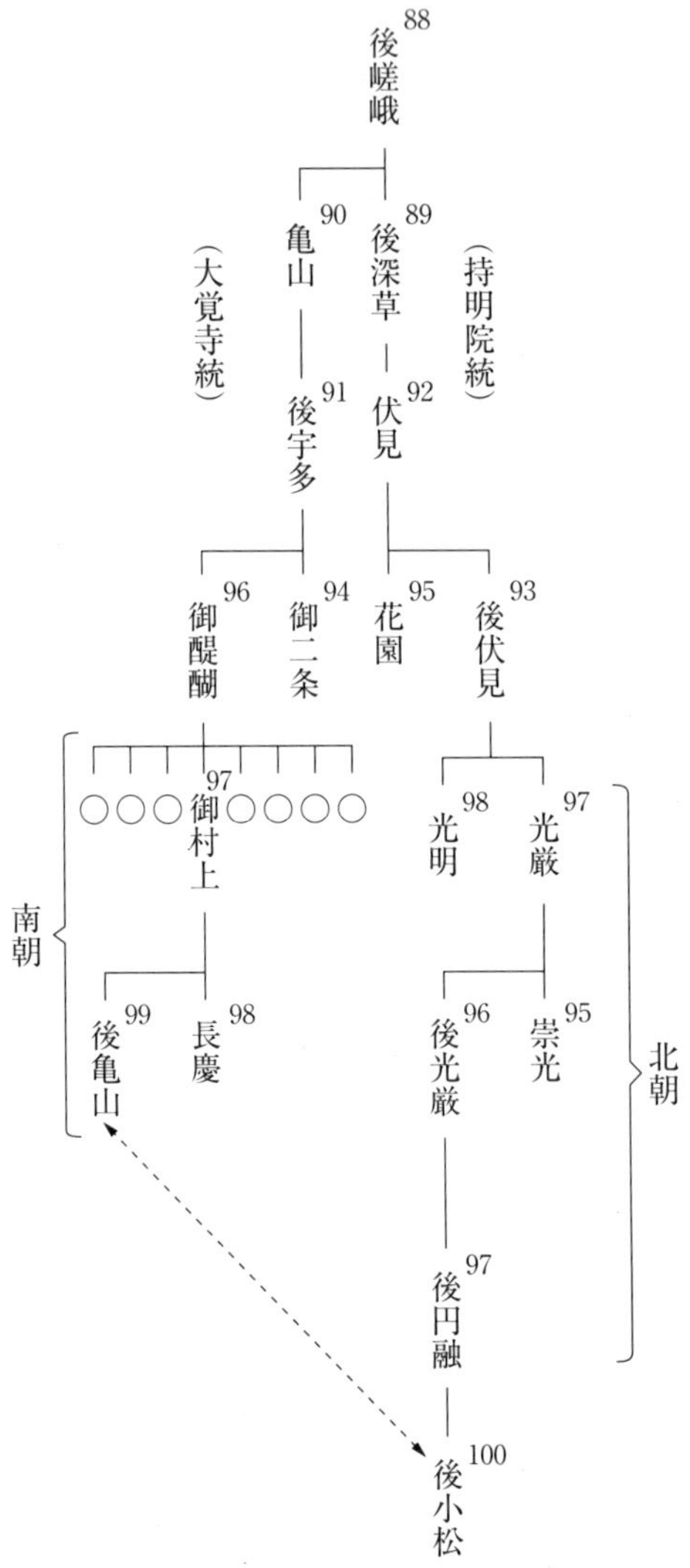
88 後嵯峨
90 亀山
89 後深草
（大覚寺統）
（持明院統）
91 後宇多
92 伏見
96 後醍醐
94 後二条
95 花園
93 後伏見
○○○ 97 後村上 ○○○○
98 光明
97 光厳
南朝
99 後亀山
98 長慶
96 後光厳
95 崇光
北朝
97 後円融
100 後小松

失い、替って蘇我氏が権力を掌握することによって二朝迭立の構造が失われることになる。

さて、二朝迭立というと欽明天皇のときのほかもうひとつ南北朝の迭立という大きなものがあるので触れておく。これも天皇の地位の相続、家督の争いの範疇に入るからである。

これは、足利政権（室町幕府）の擁立する京都の北朝（光厳、光明、崇光、後光厳、後円融の各天皇五代）と、吉野の南朝（後村上、長慶、後亀山の各天皇三代）との対立であるが、この争いは、南朝の後亀山天皇がのちに後小松天皇となる北朝の後円融天皇の子を相続人とすることなどの条件で、京都に帰って和解が成立し、一朝に統一されたものである（両派の争いはその後もむし返されたりしたが、二朝迭立までには至らなかった）。

なお、付言すると、この北朝と南朝のどちらを正しいとするかという問題が、小学校の教科書の記述をめぐって明治四十四年になってにわかに浮上した。これは「南北朝正閏《せいじゅん》論争」と呼ばれている。それまでは、文部省は実情からみて北朝を正統としていたようである。これが国会で問題となり、遂に明治天皇の親裁で同年三月南朝を正統とすることでこの論争は解決した。明治天皇は血統から言うならば北朝系であるのだが、御自身は、建武の中興の精神をもって明治の王政復古の新政を行うという御決意であったこと、当時の風潮が「大日本史」の記述などから楠木正成、新田義貞の忠臣、足利尊氏の逆臣論が幅を利かせていたことなどを考慮した上での御決断であったと思われる。また、学者達は、南朝側が三種の神器を所持し続けていたことをもって南朝正統論を言う者も多かったようである。

このようにして、以後、北朝の天皇は、五人ともすべて天皇の称号を失い、例えば「光厳院」のように「院」号が称号とされた。それでそれまで明治天皇は百二十二代とされていたのが百二十四代天皇ということになった。

さきに戻るが、南北二朝迭立は、公家、武家の二権力の権力闘争であり、その結果は、守護大名の急速な台頭を促し、荘園制の崩壊を招くという武家の勝利に帰し、以後、一挙にわが国は戦国時代に突入してゆく。

2　壬申の乱

――仁徳天皇と徳川光圀の家督譲り――

話はふたたび時代を遡《さかの》ぼる。皇位相続をめぐる大紛争のひとつ壬申の乱（六七二年）の話になる。壬申の乱は、古代の我が国で起きた最大の内乱である。期間は一箇月余。地域は、近江、山城、河内、美濃、尾張、伊勢などの諸国に及び、双方で数万の兵が動員されたと思われる。

紛争の原因はいろいろ言われているが、所詮、内乱前の天智朝と内乱後の天武朝とでは政治の流れが大化改新以降ほとんど変化が見られないところから天皇の地位の承継（相続）を争った権力闘争以外の何物でもないのである。壬申の乱について一般大衆の意思とくに農民の意思と行動が大きな意味を持つとする考え方は牽強付合である。農民はみずからの意思で戦いにおもむいたのではない。その支配者達によって狩り出されたのである。はたして農民はこの乱後独立自営の地位を獲得したか。少しでも社会的地位を向上し得たか考えてみればすぐ分かることである。農民は以前と同様に奴隷的収奪に苦しんでいたことははっきりしている。もともと大化の改新は、天皇による専制権力の確立をめざしたもので、そこに当然のこととして権力を持つ者の一般民衆に対する奴隷的支配を内包しており、それが壬申の乱を経ることで天武天皇によって完結したとみることができよう。

天皇を神格化した歌が万葉集に「おほきみは神にし坐《ま》せば」の形で表現されているが、その句を持つ歌は数首ある。それらの歌はいずれも壬申の乱の直後に詠まれた大海人方の武将大伴御行《おおとものみゆき》による次の4260番以降に詠まれたものであり、そのことは天武天皇が古代専制君主としての地位を確固としたものに築き上げたことを証明する一例と見ることができる。

4260 皇者神爾之座者赤駒之腹婆布田為乎京師跡奈之都　右一首大将軍贈右大臣大伴郷作
おほきみはかみにしませばあかごまのはらばふたゐをみやことなしつ
4261 大王者神爾之座者水鳥乃須太久水奴麻乎皇都常成都　作者不詳
おほきみはかみにしませばみづどりのすだくみぬまをみやことなしつ
天皇御㆓遊雷岳㆒之時柿本朝臣人麻呂作歌一首

235皇者神二四座者天雲之雷之上爾蘆為流鴨
おほきみはかみにしませばあまぐものいかづちのうへにいほりするかも

前に述べたように当時の皇位は、長子相続ではなく、兄弟相続が慣行化していたと言ってよく、例えば、三〇代敏達、三一代用明、三二代崇峻、三三代推古の各天皇はいずれも二九代欽明天皇の子であり、三五代皇極、三六代孝徳の各天皇も兄弟である。渦中の三八代天智天皇と四〇代天武天皇の二人も三四代舒明天皇の子で兄弟である。

はじめ天智天皇は、慣習にしたがい弟の大海人を皇太子にしていたのであるが、実子大友皇子（天智の長子であるが母の出自が皇親でないとの理由で重んじようとしない者もいた。のち三九代弘文天皇—即位の有無について争いが残っている。弘文天皇の御称号は明治天皇により追諡《ついい》されたものである）が成人するとこれを太政大臣に任じ大海人を政治の中枢から疎外しようと図る。そうして天智天皇は大病にかかり自らの死期が迫ったことを知るや大海人を召して「以二後事属レ汝」＝後事ヲモッテ汝ニマカス＝、あるいは「勅二東宮一授二鴻業一」＝皇太子《ミコノミヤ》ニ勅《ミコトノリ》シテ鴻業ヲ授《サズ》ク」と言い出された。しかし大海人は、腹心の助言もあってその言をただちに信用しては身に危険が及ぶと考え、「自分は病身でございますから私に代えて大友皇子を皇太子にお立てになってください。私はこのまま出家いたします」と答え、その日のうちに出家（皇位相続権放棄の意思表示である）、吉野に隠棲してしまったのである。この吉野入りについて、当時「虎に翼をつけて放すようなものだ」と言った者があると日本書紀は伝えている。

その後二箇月ほどして天智天皇が崩御されたのであるが、壬申の乱はそのまた半年後に起きる。日本書紀の大海人擁護の弁にしたがえば、大友側が大海人との対決が近いとみて軍備を整えはじめたことからやむを得ず大海人が立ち上ったものだ、というようになっているが、必ずしもそうではあるまい。大海人とて大友の近江朝の内部はじめ各地に広い人脈が天智天皇の存命中から出来上がっており、着々と情報がもたらせられており、それに応じて準備おさおさ怠りなかった筈である。

双方の軍で各地に激しい戦闘が繰りひろげられたが、瀬田橋ぎわでの激戦を最後に大海人側が勝利を手にした。日本書紀はこの間の各戦闘の模様を詳細に記録している。また、万葉集にもその戦いが柿本人麻呂の長歌(119)で扱われている。

敗北した大友皇子(弘文天皇)は、「以自縊焉」=首をくくって自殺=、のち「因以捧㆓大友皇子頭㆒、而献㆓于営前㆒」=大友皇子のみ首《しるし》を切り取って大海人の陣営に献じた=という結果になった。この後、近江朝側の主だった者らの戦犯処罰などの戦後処理を経て大海人ははれて即位のうえ天武天皇となるのである。

結果として大友皇子は叔父の大海人に誅殺《ちゅうさつ》されたわけであるが、大友皇子の父、天智天皇もまた、かつて皇位継承のライバルであった古人大兄皇子《ふるひとのおおえのみこ》を力ずくで、また、有間皇子には罠をかけて殪して皇位についたことを思えば因果はめぐるというべきであろうか。そうしてまた、天武天皇が皇后、そ

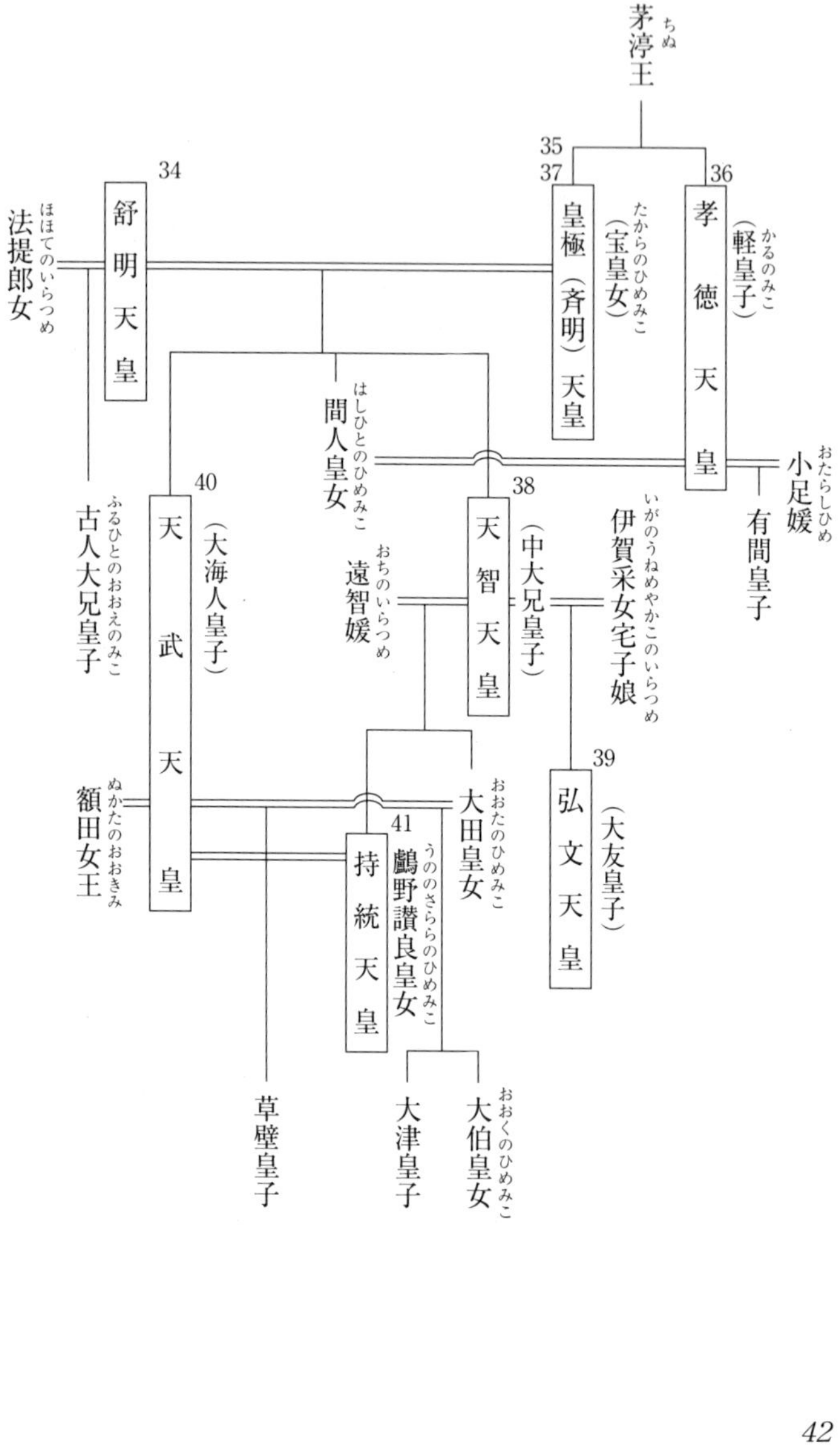
茅渟王《ちぬ》
35
37
皇極《たからのひめみこ》（宝皇女）（斉明）天皇
36
孝徳《かるのみこ》（軽皇子）天皇
34
舒明天皇
法提郎女《ほほてのいらつめ》
間人皇女《はしひとのひめみこ》
小足媛《おたらしひめ》
有間皇子
古人大兄皇子《ふるひとのおおえのみこ》
40
天武（大海人皇子）天皇
38
天智（中大兄皇子）天皇
遠智媛《おちのいらつめ》
伊賀采女宅子娘《いがのうねめやかこのいらつめ》
39
弘文（大友皇子）天皇
額田女王《ぬかたのおおきみ》
大田皇女《おおたのひめみこ》
41
持統天皇
鸕野讃良皇女《うののさららのひめみこ》
草壁皇子
大津皇子
大伯皇女《おおくのひめみこ》

れに成人した四人の皇子及び天智天皇の二人の皇子とで千年の後までも子孫の繁栄を願い、扶け合いを誓った「吉野の請盟」（六七九年）が百年後の称徳女帝の死（七七〇年）で、はやくも彼らのすべての子孫が権力闘争の果てにころされたり、臣籍降下したりして皇親から消えてしまうのである。

３　有間皇子と大津皇子の謀反

万葉集にも皇位継承の紛争の結果生れた歌が、挽歌として幾首か見られる。それらの歌を背景をからめて取り上げてみるが、紛争当事者らの没後、おそらく一〇〇年余りしか経たないうちに成立したとみられる万葉集にこれらの歌が、為政者の利益や感情とは別に入集していることに私は深い感動を覚える。

まず有間皇子とその同情者から。

　有間皇子自傷結松枝歌二首

141磐白乃浜松之枝乎引結真幸有者亦還見武

　ありまのみこみづからかなしみてまつがえをむすべるうた二首

　いはしろのはままつがえをひきむすびまさきくあらばまたかへりみむ

142家有者笥爾盛飯乎草枕旅爾之有者椎之葉爾盛

いへにあればけにもるいひをくさまくらたびにしあればしひのはにもる

長忌寸意吉麿見結松哀咽歌二首

143磐代乃岸之松枝将結人者反而復将見鴨

ながのいみきおきまろむすびまつをみてあいいんせるうた二首

いはしろのきしのまつがえむすびけむひとはかへりてまたみけむかも

144磐代乃野中爾立有結松情毛不解古所念

いはしろのぬなかにたてるむすびまつこころもとけずいにしへおもほゆ

山上臣憶良追和歌一首

145鳥翔成有我欲比管見良目杼母人社不知松者

やまのうへのおみおくらつゐわせるうた一首

あまがけりありかよひつつみらめどもひとこそしらねまつはしるらむ

大宝元年辛丑幸于紀伊国時見結松歌一首　柿本朝臣人麻呂歌集出也

146後将見跡君之結有磐代乃子松之宇礼乎又将見香聞

たいはうぐわんねんかのとうしきいのくににいでまししときむすびまつをみるうた一首　かき

のもとのあそんひとまろかしゅうにいづるなり

のちみむときみがむすべるいはしろのこまつがうれをまたみけむかも

有間皇子（六四〇―六五八）は、孝徳天皇の子であるが、天皇が中大兄皇子と対立したまま有間が一五歳のとき死亡すると、中大兄は皇位継承のライバルとして監視の目を向けた。有間は身を守るため、一時気がふれたふりをした（日本書紀斉明天皇三年九月の条に言う。「有間皇子　性《ひととなり》　黠《さと》くして陽《うほり》　狂《くるい》すと、云云」）。しかし、一八歳になったとき、ついに、中大兄と蘇我臣赤兄に図られ謀反の罪を着せられて絞殺される。

処刑の現場に赴く途中の有間皇子の歌が141、142である。この歌は、処刑の言渡し前のものであるが、その予感は当然あっての歌である。

141の大意は、この浜松の枝を結んで無事であるようまじないをする。それがかなったらまた戻ってきてこの松を見よう。142は、家にいるなら食器に盛る飯を、（このような謀反の疑いをかけられての）旅であるから椎の葉に盛っている。というのである。

143から146は、いずれも、七世紀末から八世紀中ころまでの作品と考えられ、有間皇子の死後五〇年前後のものであるがこのころすでに有間皇子に対する同情が普遍化していたことが推測される。

143の大意は、松の枝を結んでまじないをされた方は、幸せに戻ってその松をみられたことであろうか（そうではなかったんだよなあ）。144は、野中の結松よ、結ばれたままだが、自分（作者）の心も悲しみ一杯で、はらせないまま有間皇子の昔のことが思われてならない。145は、有間皇子の魂は鳥の翔《と》ぶようにこの結松に通って見ているると思うが、そのことは人は知らない。松は知っている（皇子の魂は生前の志を遂げられている。安らかにあれ）。146は、後にまたみようという歌を詠まれて皇子が結んだ磐代のこの松の末《うれ》をまたも見られることはあったのであろうか（それはなかったのである）。

次は大津皇子（六六三―六八六）である。彼は、六八六年九月天武天皇が死亡されたあと一箇月後、皇太子（日並皇子《ひなみのみこ》）に擬せられる草壁皇子に対する謀反を図ったという廉《かど》で逮捕され、翌日処刑されている。その人となり、謀反の企図について、懐風藻（撰者不詳、七五一年成立）に記すところを掲げる。

皇子者。浄御原帝之長子也。状貌魁梧。器宇峻遠。幼年好レ学。博覧而能属レ文。及壮愛武。多力而能撃レ劔。性頗放蕩。不レ拘二法度一。降レ節礼レ士。由レ是人多附託。時有二新羅僧行心一。解二天文卜筮一。詔二皇子一曰。太子骨法不二是人臣之相一。以レ此久在二下位一。恐不レ全レ身レ。因進二逆謀一。迷二此詿誤一。遂図二不軌一。嗚呼惜哉。蘊二彼良才一。不下以二忠孝一保上レ身。近二此姧堅一。卒以二戮辱一自終。古人慎二交遊一之意。固以深哉。時季廿四。

皇子ハ浄御原《キヨミハラ》ノ帝《ミカド》ノ長子ナリ。状貌魁梧、器宇峻遠。幼年ヨリ好ヲ学ミ、博覧ニシテ能ク文ヲ属《ツヅ》ル。壮ニ及ンデ武ヲ愛《コノ》ミ、多力ニシテ能ク剣ヲ撃ツ。性頗《スコブ》ル放蕩、法度ニ拘《カカハ》レズ、節ヲ降シテ士ヲ礼《ヰヤ》ブ。是ニ由《ヨ》ッテ人多ク附託ス。時ニ新羅ノ僧行心《カウジン》アリ、天文卜筮《ボクゼイ》ヲ解ス。皇子ニ詔《ツ》ゲテ曰ク、太子ノ骨法、是レ人臣ノ相ニアラズ、此レヲ以テ久シク下位ニアラバ、恐ルラクハ身ヲ全フセズ。因ッテ逆謀ヲ進ム。此ノ詿語《クワイゴ》ニ迷ヒ、遂ニ不軌ヲ図ル。嗚呼惜シキカナ。彼《カレ》良才ヲ蘊《ツツ》ミテ忠孝ヲ以テ身ヲ保タズ、此ノ姧堅《カンジュ》ニ近ヅキ卒《ツヒ》ニ戮辱《リクジョク》ヲ以テ自ラ終ル。古人ノ交遊ヲ慎ミシ意、固《モト》ヨリ以テ深キ哉。時ニ季《トシ》二十四。

万葉集には大津皇子の歌は四首あり、二首は、草壁皇子と争った石川郎女に贈ったもの（草壁にも同様の歌が一首ある）、残りの二首のうち、一首は事件と関係がなく、一首が処刑直前のものである。そうして、大津皇子と二歳違いの同母の姉大伯《おおくの》（大来とも書く）皇女《ひめみこ》には、事件にからむ歌が六首万葉集に見られる。皇女は、一三歳で伊勢神宮の斎宮《いつきのみや》となり二五歳までの一二年間つとめ、六八六年九月天武天皇の崩御ののち同年一一月（一〇月に大津皇子刑死）その任を終了して帰京した。

謀反事件に関する大津皇子の歌一首と懐風藻からの漢詩一首それに大伯皇女の歌六首を掲げる。いずれも絶唱である。

大津皇子被死之時磐余池般流涕御作歌一首

416百伝磐余池爾鳴鴨乎今日耳見哉雲隠去牟

おほつのみこつみなはれたまへるときいはれのいけのつつみになみだをながしてつくりませる
うた一首

ももづたふいはれのいけになくかもをけふのみみてやくもがくりなむ

（懐風藻―群書類従本）

五言。臨終。一絶。

金鳥臨西舎　　金鳥西舎ニ臨ミ
鼓声催短命　　鼓声短命ヲ催《ウナガ》ス
泉路無賓主　　泉路賓主無ク
此夕誰（イ）離家向　　此ノ夕べ誰《タ》ガ家ニカ向ハム

大津皇子窃下於伊勢神宮還上時大伯皇女御歌二首

105 吾勢枯乎倭辺遣登佐夜深而鶏露爾吾立所霑之
106 二人行杼去過難寸秋山乎如何君之独越武

おほつのみこひそかにいせのかむみやにくだりてのぼりきませるときおほくのひめみこのつくりませるうた二首

わがせこをやまとへやるとさよふけてあかときづゆにわがたちぬれし
ふたりゆけどゆきすぎがたきあきやまをいかにかきみがひとりこゆらむ

大津皇子薨之後大来皇女従伊勢斎宮上京之時御作二首

163 神風之伊勢能国爾母有益乎奈何可来計武君毛不有爾

164欲見吾為君毛不有爾奈何可来計武馬疲爾
おほつのみここうじたまひしのちおほくのひめみこいせのいつきのみやよりみやこにのぼりしときつくりませるうた二首
かむかぜのいせのくににもあらましをなにしかきけむきみもあらなくに
みまくほりわがするきみもあらなくになにしかきけむうまつからしに
移送大津皇子屍於葛城二上山之時大来皇女哀傷御歌二首
165宇都曽見乃人爾有吾哉従明日者二上山乎弟世登吾将見
166磯之於爾生流馬酔木乎手折目抒令見倍吉君之在常不言爾
おほつのみこのみかばねをかづらきのふたがみやまにうつしはふりしときおほくのひめみこあいしょうしてつくりませるうた二首
うつそみのひとなるわれやあすよりはふたがみやまをいろせとわがみむ
いそのうへにおふるあしびをたをらめどみすべききみがありといはなくに
416の大意は、磐余《いわれ》の冬池にときに鳴き立つ鴨を見ることのできるのも今日を最後として私は冥途《よみじ》に旅だつことになるのだ。懐風藻の漢詩の大意は、日は、西の家々の方に傾き、時を知らせる鼓の音は死罪を言い渡された自分の間近に迫った命をせきたてているようだ。死出の道は客も主もなく一人旅立つのだ。いったいこの夕べの道はどちらへ向へばいいのだ。105の大意は、たったひとりの弟を倭《やまと》へ送り出そうと、そうっと戸外に出て見送ると、弟は暗がりの樹々の間に消えて行った。いつまでも見送っていて、ふと気づくと私の衣も明《あけ》どきの露にぬれている。106は、弟よ、この夜、お前は一人でこの秋の山を越えてゆく。私と二人で今生の別れとなるかも知れない名ごりを惜しんで、悲しみで歩けなかったこの秋山、どんな思いをしながら弟は一人で越えてゆくのであろうか。

この二首の大伯皇女の歌は、どちらも、皇子がおそらくは、自分の立場があやうくなっていることを知り、ひそかに皇女を訪ねてそれとなくその事実を告げ、かつ、こと破れたときの暇乞《いとまご》いから帰るときのものであり、哀切きわまりない。416の歌より先にできた作品である。

163と164は、416の歌から間もなく多分、一箇月余りしてから詠まれた作品である。163の大意は、弟が亡くなっていることを知っていたなら、伊勢にそのままとどまって、京になど帰るのではなかった。何だって京に来てしまったのだろうか。いとしい弟もいないこの京に。164は、会いたかった弟もいない京に何だって私は来てしまったのだろうか。ただ、積荷を運んでくれた駄馬を疲らせることであるのに。であるが、164の結句、「うまつからしに」の単純化にみられる皇女の作歌技術のみごとさは現代に置き換えても驚くべきものがある。

165と166は、皇子の死からおそらく数箇月してからの作品であろう。165の大意は、生きている私は、明日からは、あの世に旅立った弟として二上山を見ることであろうか。166は、石のほとりに生えている馬酔木《あしび》の花を折ってみたとしても、その花を見てもらいたい弟はこの世に生きているとは誰も言ってはくれないのだからなあ。ということである。亡くなったことがいまだに皇女には実感として湧いてこないときの歌であることも分かって、これもまたすぐれた作品ということができる。

以上見てきたように、「万世一系の天皇家」などとても言えない争いの上での古代の天皇が多いのであるが、それとは反対に、互いに皇位を譲り合った末に一方がその主張を貫くため、自殺して決着をつけたという物語りが日本書紀にある。

その当事者の一人は、「たかきやにのぼりてみれば煙たつ民のかまどは賑ひにけり（水鏡）」と自らの善政の結果を喜んだとされる仁徳天皇である。対する一人は、弟の菟道稚郎子《うじのわきいらつこ》で、ともに応神天皇の子である。応神天皇が皇太子を選ぶに当たって、当時大鷦鷯尊《おおさざきのみこと》と言っていた仁徳天皇は、「年上の子と幼い子のどちらが可愛いいか」という応神天皇の問に対して、応神天皇が内心弟を可愛いがっている胸の内を忖度《そんたく》して、「親は同じ自分の子でも、年上の子はすでに経験を多く積んでいて一人立ちが出来る。少しの不安もない。しかし、幼い子は、自分で何もできないからそちらの方がよりいとしいものである」という趣旨を答えたという。そのことから、菟道稚郎子は応神天皇の皇太子になっている。

さて、その後、間もなく応神天皇（誉田天皇「ほむたのすめらみこと」とも言う）が亡くなられてからの二人の天皇位をめぐる動きを長いが日本書紀で見てみよう（日本古典文學大系本による）。

四十一年の春二月《はるきさらぎ》に、譽田天皇、崩《かむあが》りましぬ。時《とき》に太子《ひつぎのみこ》莵道稚郎子《うぢのわきいらつこ》、位《みくらゐ》を大鷦鷯尊《おほさざきのみこと》に譲《ゆづ》りまして、未《いま》だ即帝位《あまつひつぎしろしめ》さず。仍《よ》りて大鷦鷯尊に諮《まう》したまはく、「夫《そ》れ天下《あめのした》に君《きみ》として、萬民《おほみたから》を治《をさ》むる者《ひと》、蓋《うだきおほ》ふこと天《あめ》の如《ごと》く、容《うけい》るること地《つち》の如し。上《かみ》、驩《よろこ》ぶる心有《みこころあ》りて、百姓《おほみたから》を使《つか》ふ。百姓、欣《よろこ》びて、天下安《やすらか》なり。今《いま》我《やつかれ》は弟《おとと》なり。且《また》文獻《さとり》足《た》らず。何《いかに》ぞ敢《あ》へて嗣位《みつぎのくらゐ》に繼《つ》ぎて、天業《あまつひつぎし》登らむや。大王《きみ》は、風姿岐《みやびすがたいこ》嶷《よか》にします。仁孝《ひとをめぐみおやにしたがふこと》遠《とほ》く聆《きこ》えて、齒《みよはひ》且《また》長《ひととな》りたまへり。天下の君《きみ》と爲《ま》すに足《た》れり。其《そ》れ先《さきの》帝《みかど》の、我《やつかれ》を立《た》てて太子《ひつぎのみこ》としたまへることは、豈能才《あによきかど》有らむとしてなれや。唯愛《ただめぐみ》したまひてなり。亦《また》宗《く》廟社稷《にいへ》に奉《つか》へまつることは重事《おもきこと》なり。僕《やつかれ》は不佞《みつな》くして、稱《かな》ふに足らず。夫れ昆《このかみ》は上《かみ》にして季《おとと》は下《しも》に、聖《ひじり》は君《きみ》にして愚《おろかひと》は臣《やつこらま》なるは、古今《いにしへいま》の常典《つねののり》なり。願《ねが》はくは王《みこ》、疑《うたが》ひたまはず、即帝位《あまつひつぎしろしめ》せ。我《やつかれ》は臣《やつこらま》として助《たす》けまつらまくのみ」とのたまふ。大鷦鷯尊、對《こた》へて言《のたま》はく、「先皇《さきのきみ》の謂《のたま》ひしく、『皇位《きみのくらゐ》は一《ひと》日《ひ》も空《むな》しかるべからず』とのたまひき。故《かれ》、預《あらかじ》め明德《よきひと》を選《えら》びて、王《きみ》を立てて貳《まうけのきみ》としたまへり。祚《さいは》へたまふに嗣《みつぎ》を以《も》てし、授《さづ》けたまふに民《おほみたから》を以てしたまふ。其の寵《めぐみ》の章《しな》を崇《あが》めて、國《あめのした》に聞《きこ》えしむ。我《おのれ》、不賢《をさな》しと雖《いへど》も、豈先帝《あにさきのみかど》の命《おほみことのり》を棄《す》てて、輙《たやす》く弟王《おとのみこ》の願《みねがひ》に從《したが》はむや」とのたまふ。固《かた》く辭《いな》びたまひて承《う》けたまはずして、各《おのおの》相譲《あひゆづ》りたまふ。（中略）

（莵道稚郎子）既《すで》にして宮室《おほみや》を莵道に興《た》てて居《ま》します。猶《なほ》位《みくらゐ》を大鷦鷯尊《おほさざきのみこと》に譲《ゆづ》りますに由《よ》りて、久《ひさ》しく即皇位《あまつひつぎしろしめ》さず。爰《ここ》に皇位《きみのくらゐ》空《むな》しくして、既《すで》に三載《みとせ》を經《へ》ぬ。時に海人《あま》有《あ》りて、鮮魚《あざらけきいを》の苞苴《おほにへ》を齎《も》ちて、莵道宮《うちのみや》に獻《たてまつ》る。太子《ひつぎのみこ》、海人に令《のりごと》して曰《のたま》はく、「我《われ》、天皇《すめらみこと》に非《あら》ず」とのたまひて、乃ち返《かへ》して難波《なには》に進《たてまつ》らしめたまふ。大鷦鷯尊、亦《また》返して、菟道に獻らしめたまふ。是《ここ》に、海人《あま》の苞苴《おほにへ》、往還《かよふあひだ》に餒《あざ》れぬ。更《さら》に返りて、他《あた》し鮮魚《あざらけきいを》を取りて獻る。譲りたまふこと前《さき》の日《ひ》の如《ごと》し。鮮魚亦餒《あざ》れぬ。海人《あま》、屢還《しばしばかへ》るに苦《たしな》みて、乃ち鮮魚を棄《す》てて哭《な》く。故《かれ》、諺《ことわざ》に曰《い》はく、「海人《あま》なれや、己《おの》が物《もの》から泣《ねな》く」といふは、其れ是《こ》の縁《ことのもと》なり。太子《ひつぎのみこ》の曰《のたま》はく、「我、兄王《このかみのきみ》の志《みこころざし》を奪《うば》ふべからざることを知れり。豈久《あにひさ》しく生《い》きて、天下《あめのした》を煩《わづらは》さむや」とのたまひて、乃ち自《みづか》ら死《をは》りたまひぬ。時に大鷦鷯尊、太子、薨《かむさ》りたまひぬと聞《きこ》して、驚《おどろ》きて、難波より馳《は》せて、菟道宮に到《いた》ります。爰に太子、薨りまして三日《みか》に經《な》りぬ。時に大鷦鷯尊《おほさざきのみこと》、摽擗《みむねをう》ち叫《おら》び哭《な》きたまひて、所如知《せむすべし》らず。乃《すなは》ち髪《みぐし》を解《と》き屍《かばね》に跨《また》がりて、三《み》たび呼《よ》びて曰《のたま》はく、「我《わ》が弟《おと》の皇子《みこ》」とのたまふ。乃ち應時《たちまち》にして活《いき》でたまひぬ。自《みづか》ら起《お》きて居《ま》します。爰《ここ》に大鷦鷯尊、太子《ひつぎのみこ》に語《かた》りて曰《のたま》はく、「悲《かな》しきかも、惜《を》しきかも。何《なに》の所以《ゆゑ》にか自ら逝《す》ぎます。若《も》し死《をは》りぬる者《ひと》、知有《さとりあ》らば、先帝《さきのみかど》、我《やつかれ》を何謂《いかがおもほ》さむや」とのたまふ。乃ち太子、兄王《あにのみこ》に啓《まう》して曰《まう》したまはく、「天命《いのちのかぎり》なり。誰《たれ》か能《よ》く留《とど》めむ。若し天皇《すめらみこと》の御所《おほみもと》に向《まうでいた》ること有《あ》らば、具《つぶさ》に兄王の聖《ひじり》にして、且譲《しばしばゆづ》りますこと有《ま》しませることを奏《まう》さむ。然《しか》るに聖王《ひじりのみこ》、我《われ》死《を》へたりと聞《きこ》しめして、遠路《とほきみち》を急《いそ》ぎ馳《い》でませり。豈勞《あにねぎら》ひたてまつること無《な》きこと得《え》むや」とまうしたまひて、乃ち同母妹《いろも》八田皇女《やたのひめみこ》を進《たてまつ》りて曰《のたま》はく、「納采《あと》ふるに足《た》らずと雖《いへど》も、僅《わづか》に掖庭《うちつみや》の數《かず》に充《つか》ひたまへ」とのたまふ。乃ち且棺《またひとき》に伏《ふ》して薨《かむさ》りましぬ。是《ここ》に、大鷦鷯尊、素服《あさのみそ》たてまつりて、發哀《かなし》びたまひて、哭《みね》したまふこと甚《はなは》だ慟《す》ぎたり。仍《よ》りて菟道《うぢ》の山《やま》の上《うへ》に葬《はふ》りまつる。

元年《はじめのとし》の春正月《はるむつき》の丁丑《ひのとのうし》の朔《ついたち》己卯《つちのとのうのひ》に、大鷦鷯尊、即天皇位《あまつひつぎしろしめ》す。

大意は、菟道稚郎子は、「先帝が、自分を皇太子にしたのは、ただ可愛いかっただけで、別に自分に才があったからだということではない。してみれば、兄が先帝の跡を継がれるというのは、古今の常道である」と言って、天皇の位につこうとしない。一方、大鷦鷯尊も「先帝の定められたことに背くことはできない」と固辞するということで、空しく日を経て三年になった。ここで献上品の鮮魚をめぐって双方が受け取らないことからその魚がくさって駄目になったことが両三度あって、菟道稚郎子は、兄の気持ちはこのままでは変らないと考えて自殺してしまった。大鷦鷯尊は驚いてそのもとにかけつけ、呼んだところ、菟道稚郎子は生きかへり、「これも天命。先帝にお会いして、兄上の聖《ひじり》にあられることをよくよく申し上げますので、ご案じ召さるな」と言って薨じた。というのである。

日本書紀（孝徳天皇即位前記）にもうひとつ皇（王）位の譲り合いが載っている。軽皇子《かるのみこ》（孝徳天皇）と古人大兄皇子《ふるひとのおおえのみこ》が皇(王)位を互いに譲り合い、古人大兄皇子は、「臣は願う、出家して吉野に入りなむ。仏道を勤め修《おこ》ないて天皇を祐《たす》け奉らむ」と言ってみずから出家して、吉野に入ったという話である。なお、日本書紀孝徳天皇大化元年九月の記事によると、古人大兄皇子は、吉野に入ってまもなく謀反を計画したとして中大兄皇子に攻め殺されている。

この二つの話は、皇位争奪戦を中国の禅譲思想によって作り上げたものとし、あるいは、長子相続を原則とする中国の法制、儒教の長幼の序の思想に基づいての説話であろうとする説が行われている。菟道稚郎子は、阿直や王仁によく学んだ博識の人と伝えられているので、中国の長子相続制をタテに自説を譲らなかったものであろう。

これに類する話としては、中国の史記の伯夷伝が挙げられる。

伝えによると、伯夷と叔斉は孤竹君《こちくくん》の二子である。父は叔斉をあとつぎにしたく思っていた。父がなくなるや、叔斉は伯夷に譲ったが、伯夷は「父上のいいつけだ」と言い、かくて逃亡した。叔斉もやはり君となろうとはせずに逃げた。孤竹国の人々は二人のまんなかの子を君とした。そのとき伯夷と叔斉は西伯昌《さいはくしょう》（周の文王）が老人をいたわると聞いて、そのもとへ向っておちついたということである。

西伯《さいはく》がなくなるにおよび、武王《ぶおう》は〔父の〕木主《いはい》を車に安置し——父を文王《ぶんおう》とよぶことにして——東へ向って殷《いん》の紂王《ちゅうおう》を征伐に出た。伯夷《はくい》と叔斉《しゅくせい》はその馬の手綱をとりついて、いさめた、「なくなられた父ぎみを葬りもせず、しかも干戈《いくさ》をおこすとは、孝といえましょうか。臣として君を弑《しい》せんとすること、仁といえましょうか。」側のものがやいばをむけようとした。太公《たいこう》（呂尚《りょしょう》）は「これぞ義人である」と言い、おしかかえてつれてゆかせた。武王は殷の乱れを平定しおえて、天下は周《しゅう》を主人とした。ところが伯夷と叔斉はそれを恥とし、義をもって周の穀物を食べることをいさぎよしとせず。首陽山《しゅようざん》に隠れ住み、薇《ぜんまい》を採って食べていた。

餓《う》えて死がせまったとき歌を作った。その辞《ことば》にいう、「彼《か》の西山《せいざん》に登り、その薇《び》を采《と》りぬ。暴を以って暴に易《か》え、その非を知らず。神農《しんのう》・虞・夏も、忽焉《にわかに》して没せり、我《われ》、安《いずく》にか適《ゆ》きて帰《き》せん。于嗟《ああ》徂《ゆ》かん。命《めい》の衰えたるかな。」かくて首陽山において飢え死にした。

（小川環樹訳「世界古典文学全集20」筑摩書房による）

われわれには、伯夷、叔斉については、この話のうち、後半の首陽山に隠れ住み飢え死したことがより膾炙《かいしゃ》していて、前半の部分はあまり知られていない。

もうひとつわが国の例を挙げる。

それは水戸の黄門、光圀の話で、光圀には同腹の兄頼重が生存していたのであるが、父の頼房が若いころかなりの放蕩者で、頼重の出生を世間に公表するのが光圀よりも遅れてしまい光圀が兄のようになり、跡継ぎに決められていたが、頼房の死により幕府から家督相続を命ずる上使が来ることになった。その時、光圀は、頼重や、弟らを集めて、自分は、もともと弟なので本来相続すべき者ではない。しかし、父の遺志と幕府の命でやむを得ず承知をするのだから、ぜひ頼重の子を養子にして自分の跡を継がしたいと言い出し、もし頼重が承知しないならば自分には決意があると引っ込んでしまった。それで弟達は不測の事態を恐れて頼重に頼んで光圀の願いを入れてもらったというのである。このことは「野史」の記述によるが、光圀は間違いなく伯夷伝を読んでいたのであろう。後に後楽園の中に伯夷・叔斉の像を祭った得仁堂を建てている。

徳川光圀が登場したところで話題を徳川家の家督騒動に移すことにする。

二　徳川将軍家の家督騒動

徳川将軍家の家督争いの主役は、相続人の立場にいる当の本人達ではない。封建官僚群とも言うべき幕府の役職をほぼ独占していた譜代大名や、「近習出頭人」と呼ばれた側用人などの近臣層の権力闘争にほかならない。そして大奥はしばしばその闘争の手段に利用されている。

徳川将軍家の相続は、家康が二代秀忠を後継者（相続人）に指定したのちは、幕府成立以来着々と力をつけてきていた官僚群の意見が次代将軍の決定にも大きな力を持ってきていたのである。そうして一度握った権力は決して離そうとはしない一派と、これを奪取しようとする他派との間で次代将軍の決定を一大転機とみて熾烈な闘争を展開するのである。

ここで徳川歴代一五人の将軍宣下《せんげ》のときの年令をみてみると、一〇歳台以下の者は、家斉一五歳、家茂一三歳、家綱一一歳、家継五歳の四人で、これに暗愚の家重、病弱の家定の二人を加えた六人はとても将軍としての職務を全うできたはずはなく、官僚群が幕府体制を支えていたものである。政治に将軍の意思を直接反映させることを前面に打出した綱吉や吉宗は例外で、二五〇年の幕府のほとんどは封建官僚群のあやつるところであったと言える。

以下に徳川家の家督相続がいかに官僚達の権力闘争が背景にあったか主なものを見てゆこうと思う

が、古い天皇家の相続が兄弟相続を原因とする血腥《ちなまぐさ》い、相続人間の直接の殺し合いを伴っていたのにくらべ、徳川将軍家の相続は子がないときを除いていずれも実質は、長子相続（長子相続は、四代家綱、九代家重、一〇代家治。二男相続は、三代家光―兄死亡―、一二代家慶―兄死亡。三男相続は、二代秀忠―兄二人は他家に養子―。四男相続は、七代家継―兄三人すべて早逝。二男以下すべて実質は長子相続である）で、兄弟相続は、子がなかった四代家綱とその弟五代綱吉だけである。そこで相続争いがあっても、その本質は官僚間の闘争であったから相続人らは血をみないですんだのである。

1　二代将軍秀忠の相続争い

二代将軍徳川秀忠には男の子に長男長丸（夭逝）、二男竹千代（三代将軍家光）、三男国千代（徳川忠長）、四男幸松（保科正之）があったが、秀忠の跡継ぎの争いは同腹の竹千代と国千代の間で起きた。そもそもの原因は、国千代も成人後の行動をみるとあまり賢いとも言えないのであるが、兄の竹千代は、三代将軍となってからも三田村鳶魚氏によると大馬鹿と言わざるを得ない行動の数々が見られるので、子供のころも似たようなものであったと思われる。

そういうことから母親のお江与の方（浅井氏、崇源院）の気持ちは、国千代に傾き、偏愛するようになった。それをみてこれを利用し将来の権力を握るべくいわゆる人材論という名分をバックにした井伊直孝らのグループが国千代を擁立する動きをはじめた。これに対し、竹千代の乳母であったお福（春日局）が駿府へ潜行して大御所家康に竹千代を相続人としてくれるよう訴えている。家康は、天下騒乱の兆しありとお福の願いを容れて江戸城に入り竹千代が秀忠の相続人であり、国千代はその臣下となるべきものである旨を申渡したのである。

しかし、事はそれで収束したわけではなく、忠長の人気は衰えず、いつまたそのかつぎ出しがはじまるか知れない気配が残っていた。

ここで土井利勝の一派が竹千代（家光）のため大いに策を弄するのである。三田村鳶魚氏によると忠長乱心の噂をふりまき、あることないこと乱行の事実を捏造《ねつぞう》してリークを続け遂に忠長をはじめは甲府、次に高崎に押し込め、秀忠没後、つまりすでに家光が三代将軍となって相続をしているのに、自殺に追い込むまで徹底的に禍根を断ってしまうのである。

この働きで土井利勝は幕府の権力の中枢を握ることになるのである。そしてその裏面では家光の威光をバックにして春日局（この号は家光の計らいで京にのぼり天皇から受けたものである）が大奥すべての権力をほしいままにし、さらにその子稲葉正勝などは歴代老中のなかで最年少の二七歳の若さで老中にまでなっている。

土井利勝の成功は、長子相続を堅持しようとしている家康の意を察知し、これに応ずることが一挙に権力を握ることができるとした先見の明にあると言えよう。

この権力闘争の傍杖というか、とばっちりを受けてというようりもむしろこれを利用した土井利勝の謀略にひっかかったのが加藤清正の相続人忠広である。彼はその領地熊本七十三万石余を見事に没収されている。その顚末は、土井一派が秀忠の死亡直後に、「家光を倒し、忠長を立てよう」という文書を各大名に流して、各大名がどういう態度を示すかうかがったのである。これに対し、加藤忠広と忠長本人だけがそういう誘いがあったとの届出をせず、他の大名からは次々とこういう文書が来たという訴が出されたというのである。一種の踏絵であろうが、加藤忠広の失脚の最も大きな罪科でなかったかと言われている。

2　三代将軍家光の跡を窺った徳川義直
——昭和天皇と秩父宮——

いわゆる御三家（尾張、紀伊、常陸）御三卿（田安、一橋、清水）には、本家志向というか、隙があったら将軍の相続をねらうという姿勢が見え隠れしている。

この話の主人公は、尾張の初代徳川義直である。義直は、秀忠の弟で紀伊の初代頼宣、常陸（水戸）の初代頼房の兄である。秀忠の死後は、当然のことながら自分は将軍家光の叔父であるとの意識をいつも持ち続けていたであろうことは想像できる。

そこに事件到来である。

寛永一〇年の暮というから、まだ家光の長子、のちの四代将軍家綱は生れていない。そこに家光重態の知らせが義直に入った。「いけるか」と思ったであろう。彼はすぐに名古屋を出発して江戸に向った。彼の側近でこれを阻止しようとする者はおそらくはなかったのではあるまいか。義直の天下となれば自分たちの立場もガラリと変ると喜んだに違いない。だが、この義直の行動は多分、すぐ幕府の隠密により幕閣に通報があったと思われる。義直は、江戸に入る前に家光は大丈夫らしいとの情報を得たようであるが、そのまま出府した。そしてすぐに幕閣のトップ官僚であり実力者酒井忠勝（のち大老となる）から詰問を受けた。そのときはすでに家光の病は平癒していたに違いなく、その上での忠勝の行動である。忠勝曰《いわ》く、「出府の許可は出ていません。上様は、何で来たのかとの仰せです」。これに義直の答は、「自分は上様の御病気が篤いと聞いたので出府したのだ。万一の場合、上様にはお子がないので、自分は秀忠公の弟たちの中で年長であるから、江戸城に入って天下を他に渡すまいということで来たのだ」と。この返答は、義直が忠勝の言を信じたならいくら何でも出てくる言葉ではない。このときまではまだ忠勝が家光の死を隠蔽しながら権力保持を図っていることからのものと考えたからの発言と思える。いずれにせよ、義直の言葉からは、徳川宗家の持つ権力に対しての強い執着が見られるのである。

しかし、思惑は見事にはずれた。すぐに家光本復の情報が確認され、義直は尾張に引き返す。このことから、徳川宗家の尾張嫌い、尾張の勤王派という図式が描かれはじめたとする考えが流布しているが、うがち過ぎか。

ここまで書いてきて、ハタと気がついたことがある。

昭和一一年のいわゆる二・二六事件発生直後の昭和天皇と秩父宮（お二人は一歳違いの兄弟である）に確執があったとされる問題である。

実はお二人の相剋は、昭和七年の五・一五事件（一部青年士官などが起したテロ事件）前の昭和六年ころからはじまっているという。天皇に対して秩父宮が持論である「国内情勢から天皇の親政の必要性と、そのための憲法停止もやむを得ない」旨の意見具申を行い、お二人が激論を交わしたことが最初と言われている。そうして、五・一五事件の際、再び同一問題を事件にからめて議論されたと憶測されている。

二・二六事件とは、昭和一一年二月二六日の未明、歩兵第一連隊、第三連隊、近衛歩兵第三連隊などを主軸として青年将校らの指揮する一五〇〇名ほどの兵が総理大臣など閣僚ら数名を襲った事件である。

秩父宮はこのとき弘前第三一連隊に約半年くらい前に着任し、軍務に服しておられた。二・二六事件の発生は、同日の朝、わりに早く東京から連絡があったようであるが、同日夜半、弘前から列車で出発し、上野駅には翌二七日の午後五時ころ到着し、まず宮中で弟の高松宮と会い、その後、午後六時ころから二時間くらい天皇と夕食を共にしながら話し合われたとされ、この席には皇后も同席されているという。

だが、二・二六事件直後に秩父宮が天皇と会ったか否かについて否定する話がまことしやかに言われている。天皇は、秩父宮の上京は勝手な行動であるとして会われることを拒絶して追い返されたというのである。もしそうだとすれば、あまりにも家光と義直の話に似ているではないか。一方は叔父と甥、こちらは兄君と弟君の相違はあるが。

しかし、いろいろな記録からすると、天皇が会われることを拒絶した話はデッチ上げであろう。ただし弘前を出発するときの秩父宮の心の中は誰も覗いていない。単に天皇をお見舞いする気持ちだけで上京されようとしたのであろうか。宮は従前から決起した青年将校達の幾人を知っており、その心情には同情的であられたということはこれまでも指摘されているところである。あえて憶測を進めるならば、情勢によっては、義直に近い気持ちもお持ちだったのではなかろうか。けれども、義直が情報を持たなかったのと違って秩父宮には次々と情報がもたらされていた。渋川駅からは群馬県知事、熊谷駅からは陸軍大臣代理と参謀次長代理、さらに大宮駅からは戒厳司令官と宮内庁職員が列車に乗り込んで刻々と変化する状況の説明をしている（この情報がもたらされた点は、保坂正康「秩父宮と昭和天皇」による）。かりに秩父宮がどういう気持で弘前を出発されたとしても、このような情勢のもとでは秩父宮の出番はすでに全く失われており、彼は天皇に恭順の意を表明する以外の方法はなくなっていたのである。この点について、松本清張は、秩父宮の「変心」は、上京後二八日ころと推定し、「秩父宮の場合、好意的中立はあり得ない。どちらの側に立つかである。秩父宮は中央部の側に立った。」と書き、「入京した秩父宮はまことに利口であった。」とも誌している（「昭和史発掘12」文芸春秋三四七・三四八頁）。また、清張は同書一八三頁で、西園寺が「天智・弘文」の例を引いた発言を記載しているが、この記事の出典は不明である。なお、天皇と秩父宮との確執については、これを増幅した者としてお公卿衆の残党とも言える西園寺公望や木戸幸一らの隠微な動きが前記「秩父宮と昭和天皇」の紙背からもはっきりとうかがえるのである。これもひとつの権力維持のための方法、つまりは昭和天皇の御退位ということが考えられるとすれば、その側近中の側近である彼らの権力も当然失われてしまうからであったと言える。

3　四代将軍家綱の相続争い

家光とその子らの家系は次の図のようになっている(女子を除く)。四代徳川家綱は家光の長男であるが、子がなく四〇歳で死亡した。そのとき、三男綱重は甲府の藩主であったがすでに死亡(自殺?)しており、四男徳川綱吉は、館林の藩主であった。家綱がいよいよ重態となったとき、幕閣ではその継嗣を誰にするか、会議が開かれた。メンバーは、下馬将軍のアダ名をもつ大老酒井忠清をはじめ、稲葉正則、大久保忠朝、土井利房、松平信貞、石川乗政、堀田正俊らである。このとき、酒井忠清は、堀田正俊が新参の老中であるが、すでに綱吉と通じ合っているという情報を入手していたことは相違あるまい。そうして正俊は綱吉を推すに違いないと考えたものと思われる。しかも、綱吉が将軍となっ

家光3
├ 家綱4
├ 亀吉（夭逝）
├ 綱重－家宣6（綱豊）
├ 綱吉5－徳松（夭逝）
└ 鶴松（夭逝）

たときの政策を想定した場合、綱吉の性格からして忠清自らの権力はすべて奪われることは間違いないと結論づけたものと考えられる。

そこで忠清は、鎌倉将軍の相続先例を持ち出している。

「鎌倉幕府では将軍実朝に実子がなかったので、京都の宮家から親王を迎えて将軍とし、以下これに倣《なら》っている。この度も、実子がないのだから家綱のあとは宮家から親王を迎えるべきである。そのお方は、花町天皇の子で有栖川幸仁親王である。なお、綱吉を推そうとする動きもあるようだが、同人には『天下を治めさせ給ふ御器量なし〈戸田茂睡《もすい》、御当代記〉』と。

忠清はこのとき権力を引き続いて維持し、鎌倉幕府における執権のごとき座を夢見ていたに違いなかろう。

もっとも、忠清の心情については「武蔵燭談（編者未詳）」は同情的で、家綱の妾の腹に子が宿っていることを慮《おもんぱか》ってのことである。もし男子出生のときは、宮家からの将軍なら簡単に実家に戻してその実子を将軍に据えることができるが、綱吉を一度将軍にした場合はそうはいかないからである。というのである（実際、妾のなかに妊娠五か月の者がいたが、綱吉が五代将軍になったあと流産してしまっている）。

一方、堀田正俊にしてみれば、酒井忠清からの権力奪取のチャンスは今を失ったらもうめぐってこないと判断し、次のような議論を展開し、忠清側に傾いていた重臣たちを次々と切崩して遂に綱吉擁立に成功したのである。

正俊の成功を、閣議後、忠清を出し抜いてひとり家綱の枕頭《ちんとう》で、継嗣を綱吉とするとの上意があったとし、時を置かず家綱の遺命なりとして綱吉に登城を促したとする説（三田村鳶魚）があるが、やや乱暴ではあるまいか。

さて、正俊の議論の展開はこのようであったろう。

「鎌倉幕府の場合は、頼朝の直系はすべて絶えている。しかもその弟の勲功のあった範頼、義経の子孫もなかったからそれはやむを得なかったことであろう。しかし、家光の男子には館林の綱吉がいるではないか。さらには三家もある。相続人となるべき者がいくらでもいるのに徳川の幕府をここで終らせようというのか。神君家康はじめ徳川の先祖の苦労を何と考えているのか。将軍の相続は徳川（源氏）の血でこそ行われるべきものだ。親王を京から将軍に迎えることなどは、三家、譜代大名、旗本の誰も納得すまい」と。まさに正論である。

酒井忠清と堀田正俊の権力闘争の結果をみてみよう。綱吉が将軍を相続するや否やことは忠清の危惧していたとおりの結果となった。不安は現実となったのである。本人はあらゆる職から引きずり降ろされて権力をすべて失い、代って綱吉によって堀田正俊が大老となってのちに若年寄稲葉正休《まさやす》に殿中で殺されるまで忠清と同じような権力を保持し続けたのである。

忠清の一言、「綱吉は天下を治める器《うつわ》ではない」は、当然、正俊から綱吉の耳に入っていたはずである。忠清は最後に綱吉によって切腹させられている。

4 十代将軍家治の相続争い

十代将軍徳川家治は暗愚で、「小便公方」と仇名された九代家重の子であるがわりに聡明であったと言われており、大御所としての祖父吉宗の期待も大きかったと思われる。家治の長男家基もまた、しっかりしていたようであるが、十八歳のときに急に病死している。この急死については老中田沼意次《おきつぐ》が医師に命じて毒殺したという噂が流布している。そうとすればそれは徳川(一橋)治済《はるさだ》との共謀であろう。家基の死後、治済の長男豊千代を家治の養子として入れ家治の死後豊千代を相続させて十一代将軍徳川家斉として祭り上げている。家治の病死もまた田沼意次の毒殺であるという見方が強い(吉川弘文館「日本随筆大成第二期」翁草4神沢杜口一一二頁以下)。

いずれにせよ、田沼のその前後の権力維持に手段を選ばなかったことを思えば、さもありなんという話である。家斉を擁立するに当たっての強引なやり口やそれまでの田沼の政治手法を熟知している治済は、家斉が将軍になるやただちに田沼を裏切ってこれを排撃し、田沼の政敵である田安家出身の松平定信と手を組み、ただちに田沼を追い落し国政を私のものとしてしまうのである。

家斉は、のち四〇人の女性に五三人の子を生ませている（男二六人、女二七人、そのほか死産二人）が、そのうち成育して結婚したのは二五人（男一三人、女一二人）である。結婚の相手方は、御三家、御三卿、譜代大名、大藩の外様大名の子弟で、男は養子になっている。世はまさに徳川幕府ではなく、一橋幕府の様相を呈する。

こうなってみると治済の権勢欲はとどまるところを知らない。自ら二の丸入りして大御所と呼ばれたくなった。たまたまときの光格天皇が閑院宮典仁《すけひと》親王の子であって、光格天皇が典仁親王に太上天皇の尊号を与えようとしている（尊号事件）のを利用しない手はないと考えてもおかしくはないし、私は、治済は京都側のこの問題の立役者大納言中山愛親《なるちか》らと気脈を通じていたと想像する。また、このいわゆる尊号問題と治済の大御所問題がどちらが先かは別にしても治済が仕掛けたのではないかという気がしている。

どちらも養子先にその父親が乗り込むという基本の形に変りはないのである。そこで松平定信はその両方に強硬に反対するが、このことで治済に決定的なうらみを買うに至る。そうこうしているうちに肝心の典仁親王が死亡してしまう。

しかし、定信もまた尊号問題のときに反対理由として挙げた「先例がない」という点について先例があるという反証が明らかになったことや、大奥への財政の締めつけが反感を招いたことなどで老中職を退職せざるを得ない立場に追い込まれてしまう。

5　十三代将軍家定の相続争い

十三代将軍徳川家定は、十二代将軍家慶《いえよし》の第四子である。家定はとかく病気勝ちであって、生涯冴えることのなかった将軍のひとりに数えられている。今から言えば、当時はいわゆる「幕末」と呼ばれているが、そのころの人達は誰もまだ幕府が崩壊するなどとは意識にはなかったであろう。けれども、国内は、というよりも権力者間も、力を蓄えてきた外様各藩の諸勢力も、攘夷か開国かで意見が二分し、混乱状態が激しさを増していた。

一方、家定は能力があるとは言えず、しかも病身で三十歳を超えているのに男子が生れていないということであってみれば、周囲が当然に早くその継嗣（相続人）を決定しなければと思ったのは当然のことである。ただ周囲と言っても思惑は、攘夷鎖国論と開国論の対立がこれにからんで同床異夢であったし、そこに水戸の徳川斉昭《なりあき》の隠れた野望が攘夷論に便乗して紛糾の度合を増加させることになる。

家定が病に倒れると早速、騒動がはじまった。水戸の斉昭は、攘夷派の松平慶永《よしなが》（春嶽、越前藩主）、尾張藩主徳川慶勝《よしかつ》らと図って、斉昭の七男ですでに一橋家に養子に入っている徳川慶喜《よしのぶ》を相続人とするよう強硬に主張した。これに対して、おそらくは斉昭の野望も察知していたであろう開国派の大老井伊直弼《なおすけ》を首班とする幕閣は、紀伊の徳川慶福《よしとみ》を推した。

慶福は当時まだ一二歳ということで井伊側には弱みがあり、斉昭側の推す慶喜は才にも恵まれているという評判もあり、すでに二一歳で将来に期待される青年であった。しかし、井伊は、将軍家の血統の親疎からすると慶福は一一代将軍家定の孫（家定の六番目の子斉順《なりゆき》の子）であって、慶喜とは比較にならないと血統相続論を展開した。また、手続の上からしても、将軍の継嗣はあくまでも幕閣で決定されるべきもので、外部（斉昭らを指す）から容喙される筋合でないと厳しく斉昭らの慶喜擁立の主張を斥《しりぞ》けた。

こうして、家定の継嗣（相続人）は慶福と決定し、慶福は家茂《いへもち》と改名して一四代将軍となったのである。しかし、多事多難な当時の緊迫した内外の情勢の対応に堪え切れなかったのであろう、家茂は三一歳の若さで死亡した。その相続人としてようやく慶喜が十五代将軍となるが、徳川家の大政奉還まででわずか一〇箇月（在職は一年）しかなかったということは皮肉なことであった。

慶喜の将軍擁立にもっとも熱心であったのは父の斉昭であったことは周知の事であるが、それは、斉昭の権勢欲そのものから出たことであることは間違いない。それは尾張家や紀伊家と異なり、同じ御三家とはいっても水戸家からは直接将軍継嗣を出せないという制度からくる不満が、慶喜がたまたま一橋家にあることを奇貨として一気に異状なまでの力を将軍擁立のために注いだのではあるまいか。その斉昭は、慶喜の一五代将軍の相続も、そして勤王とはいってもそこまでは望むことのなかったであろう徳川幕府の終焉も見ることなく、その六年前に眼を閉じている。盟友であった松平春嶽は、後年、家定の相続争いについて、斉昭の「私心と欲情によって起れり」と記すが真実をついている。

他方井伊直弼についても、よく言えば慶福を立てようとしたのは、慶喜が将軍になれば斉昭の国政に対する容喙《ようかい》はとどまるところを知らずということになり政治の混乱は収めることができなくなると考えたからであろう。

しかし、悪く言うならば、慶福が将軍になれば、年少であるからそれまでの幕閣の従来の方針がおおよそにおいて維持され、ひいては自らの大老としての権力も引き続いて維持できるとしたとも考えられるのであって、あえてこう考えることが下司の勘ぐりとも言えないであろう。

三　江戸期大名家の家督騒動

大名家のお家騒動は大きくわけてその原因は、江戸前期のものと、江戸後期のものとで異っている。江戸前期に多発しているのは、藩主を頂点とする身分秩序の確立を目指し、いわゆる「御一門払い」などを考える新興のグループと、これまでの権力を維持しようとする一門と家老などの老臣がそれぞれの家臣団を巻き込んでの騒動であり、江戸後期に多く見られるのは、藩財政立直しの経済政策をめぐる旧勢力と新興勢力との衝突の騒動とである。そうしてこれにからんで大名家の相続争いが多く出てくる。純然たる大名の相続争いというものはまずない。陰に陽に必ず権力闘争がついてまわっている。

「列藩騒動録総覧」(神谷次郎編『歴史読本二一巻一四号』新人物往来社)には、九五件の各藩の騒動が挙げられているが、歴史に埋もれた各藩の相続騒動はそのほかにもいくらでもあったのではあるまいか。幕末近くには諸藩の御家騒動は慢性化し、幕府で一々取り上げていては収拾がつかない有様であったと言われている（北島正元氏）。

ここでは、数ある大名家の相続争いのうち、江戸前期と後期それぞれ二つずつ取り上げてみることにする。

1　伊達騒動（仙台藩　一六六〇～一六七〇）

伊達政宗を藩祖とする仙台藩でも、江戸前期においては藩体制の確立（藩主への権力の集中とその強化・藩主の長子相続の慣習法化）が急がれていたが、御多分に洩れず一門の勢力がいまだ蟠踞《ばんきょ》している状態に置かれていた。そういうところに伊達家の一大事が到来したのである。

三代藩主伊達綱宗は、正宗の孫であるが、幕命によって御茶の水周辺の開さく工事を担当することになった。そして彼自らがその現場監督に乗り出したまではよかったのであるが、その行き帰りになんと吉原で遊興の限りを尽したというのである。それもお忍びでなく大っぴらにであった。そしてそれについての大老酒井忠清の忠告も聞かなかったということで、とうとう綱宗はその遊興が原因で幕府から逼塞《ひっそく》（謹慎刑）を命じられてしまう。彼は当時二一歳の若さであった。このことは、後世いろいろと脚色され、綱宗の相手の高尾（事実は高島屋の太夫《たゆう》薫という花魁《おいらん》であったという）が「君はいま駒形あたりほととぎす」の一句を添えた手紙を綱宗に届けたとか、逆に綱宗が落籍した高尾がいまだに別

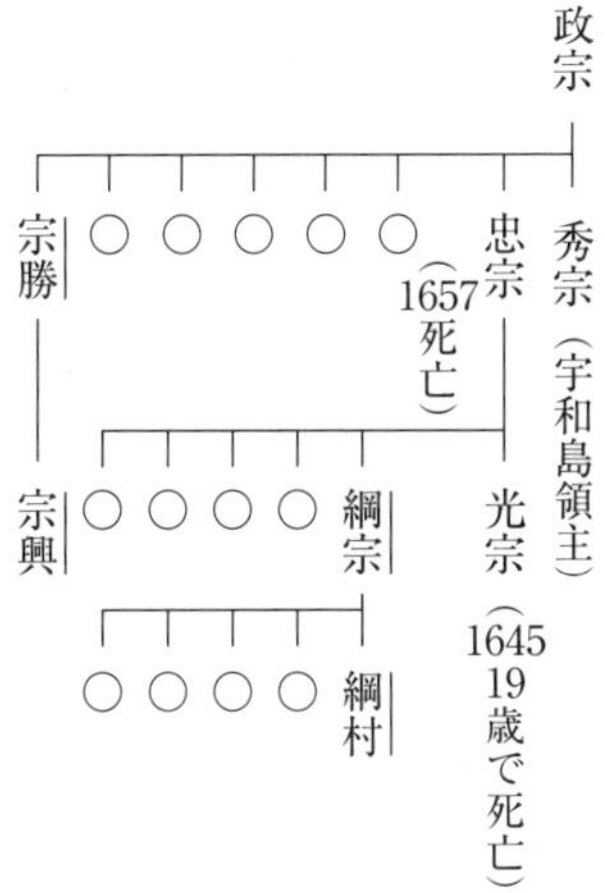

の男（志田十三郎＝志田重三郎）を慕っているからといって中洲《なかず》（三叉《みつまた》または三股）で吊し斬りにしたとかいう馬鹿々々しい話に仕立て上げられたり、「めがたきと思へど島田歯がたたず」などと川柳にまでからかわれている。

　それはともかく、綱宗の遊興は、綱宗を廃してその跡目の相続を企んだ一門の伊達兵部宗勝（正宗の末子で八男である）らの教唆によるものであるとされる。しかし、幕府の綱宗の跡目の裁定は、綱宗の長男である当時わずか二歳の綱村に決定されたのである。

　しかし、宗勝はあきらめない。正宗が宗勝を偏愛し、はじめ同人を相続人にしようと考えていたこともあると知っていたであろうから、兄弟相続をして自分が宗家を継いでもおかしくないと考えていたものと思われる。ねらった野望が一度挫折したわけであるが、綱村の後見の地位につくとあらためてまた野望を燃やす。

今度は、伊達宗長、原田甲斐宗輔らと一派を形成して一藩の権力を独占し、ついには綱村を早々に隠居させることで伊達宗家《そうけ》の簒奪《さんだつ》を企図したとされる。この間の経緯も約百年を経て歌舞伎「伽羅先代萩《めいぼくせんだいはぎ》」で、さきに述べた「吊し斬り」や、おなじみの鶴千代（綱村）の毒殺計画が乳母の政岡（鳥羽）の活躍による失敗などいろいろ面白く脚色され、五幕物として上演されている。なお、名題《なだい》の「伽羅《めいぼく》」は、綱宗が伽羅《きゃら》の下駄をはいて高尾のところに通ったという巷説に基づく。

こうした宗勝ら一派の権力が続くかに見えたが、一門の伊達安芸宗重と伊達宗倫との間の所領紛争に端を発し、宗勝が宗倫の肩を持ったことから争いが家門全体に及んだ。宗重はついに宗勝の罪状八箇条を挙げて幕閣に訴え出た。幕閣での審決では、大老酒井忠清の屋敷で老中列坐の上、対決することとなった。この席上突然、原田甲斐が宗重を斬殺する。甲斐もまた、宗重側の二人に斬られて落命。この二人も酒井の家臣に斬り殺され、部屋中血の海の惨劇となった。

伊達騒動の結末は、土佐に流罪となった宗勝とその一派の失脚とその他の処分があったが伊達の宗家は、幕府の特別のはからいで所領は安堵《あんど》された。この所領安堵の裏側にどのような工作がほどこされたか知る由もないが伊達側ではかなりの犠牲を払ったと思われる。いずれにせよ、それまで伊達一門がそれぞれの領地を支配し、伊達の宗家がそれを間接に統治していた旧体制が打破され、一般な幕藩体制に組み込まれたのである。そういう意味で、伊達騒動は江戸前期の大名家の相続争いの特色をよく現していると言えよう。また、宗勝の子宗興が酒井忠清の娘を妻に迎えていたことも彼の増長を助けたとも見ることができるが、これは、江戸前期の大名家の相続争い、権力闘争には幕府の要人と藩の権力者との結託が多かったとされるひとつの例である。

2　越後騒動（高田藩　一六七九）

越後騒動を言われている争いも江戸の前期に起きているが、これは、徳川の親藩における騒動であること、親藩といえども結末が藩の改易（家の断絶）にまで至っているということで伊達騒動と違った様相をみせている。そしてその結末には、大老酒井忠清と五代将軍綱吉の反目・対立の影が色濃く漂い、綱吉による将軍親政、全国統一者としての大名統制の見せしめとして利用された疑いが強い。もっともこれにはもちろん綱吉の性格が大いに反映していると言えよう。

越後高田藩主松平光長は、暴戻の限りを尽くして豊後に流された越前藩主松平忠直の長男であるが、三代将軍家光の一字を貰って相続した。さて、その子がなかったことから、家老の小栗美作正矩《みまさかまさのり》はその妻が光長の妹であるところから、生れた子、掃部大六を光長の養子としてその推定相続人にしようとしたことがこの騒動の発端となった。

これに対して、そうはさせじとその前に立ちはだかったのが光長の異母弟永見大蔵長良《おおくらながよし》である。彼は、自分が光長の養子となる第一候補であるとして荻田主馬《しゅめ》などと一派を作り、藩主の「御為方」と自称し、美作らの一派を「逆意方」と名付けて騒動となった。

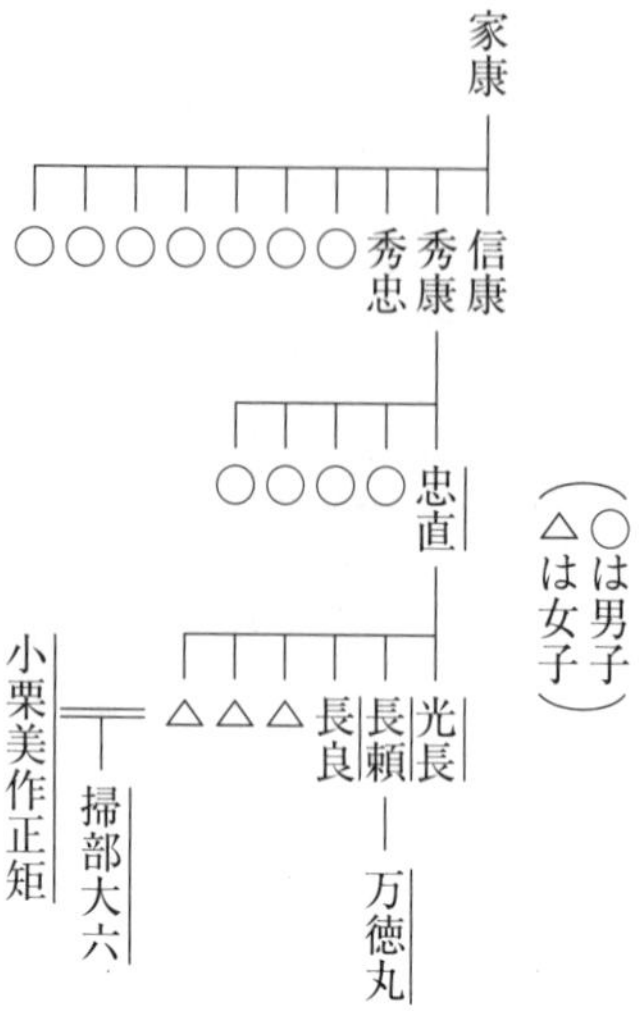

しかし、双方とも思惑ははずれた。光長はやはり同人の異母弟の長頼の子万徳丸なる者を養子と決定したのである。

だが、すでに開始した美作一派と、大蔵一派との権力闘争が激しく続き、これが幕府の知るところとなり、その介入を招くことになる。その裁定は、はじめ、大老酒井忠清が行い、美作側の勝利に帰した。しかし、綱吉が将軍になるや、大蔵側は、酒井忠清と綱吉の間の険悪な事情を知って、忠清の判定をくつがえせると判断したのであろう。綱吉にべったりの老中堀田正俊に再審を願い出た。綱吉は自ら親裁に乗り出し、将軍の威信を諸大名に見せつけるのはこの時とばかり、思い切った判断を示した。

すなわち、ケンカ両成敗の形をとった。美作とその子大六は切腹。大蔵と主馬は八丈島に遠島。藩主の光長は、藩政不取締りとして改易となり領地没収、松山にお預けという裁断であった。

これについては、四代将軍家綱の相続問題のとき、光長が忠清の側に立って綱吉の擁立に反対したことに対する綱吉の意趣晴らしもあったと言われている。

それはともかく、この騒動は、幕府（綱吉）の介入が自らへの権力の集中を図ったという一点と、小栗美作が藩政の改革を急ぎ、藩士の知行制（知行地から直接年貢を収納する）を蔵米制（一度藩の蔵に収納された米の支給を受ける）に切り替えたことで広い知行地をもつ一門や上層家臣らの反撥《はんぱつ》を招いて対立抗争を深刻化させ、綱吉につけ込まれたという、藩内の新旧対立の構造も背景にあるということは見逃すことのできない点である。この二つの点は、江戸前期の相続争いの特質をわれわれに見せている。

3　加賀騒動（加賀藩　一七四五〜一七五四）

この騒動は、江戸後期のはじめにあったもので、いわゆる江戸の三大御家騒動のひとつと言われている（他の二つは「伊達騒動」と「黒田騒動」）。内容は、一見複雑そうに見えるが、よく見てみると、この騒動も藩の財政の立て直しをはかる新しい勢力と、家格にしがみつきこれを振りかざす旧い勢力との対立がまずあってこれに相続争いがからむという図式なのである。

加賀六代の藩主前田吉徳《よしのり》は、足軽から御居間坊主となった大槻伝蔵《おおつきでんぞう》（内蔵允朝元《くらのすけとももと》）を寵愛し、その才能を高く評価し、藩の財政逼迫《ひっぱく》の打開に当たらせた。そもそもこの藩財政の悪化は、先代の綱紀《つなとし》が乱費の上、将軍綱吉のお成御殿造成のために一三五万両という途方もない出費をしたことが大きな原因であった。

大槻は、商品流通について、領地境で口銭、いうなれば、輸出入について課税し、一門間の年始、中元、年末などの音物《いんもつ》贈答を一切取り止め、細かくは、橋の長さを将来の掛け替えを考えて詰めたり、掃除のための小者をリストラしたり、城内の日傭《ひよう》取りをヒマな小者たちを使うことにしたり、財政の立て直しに力を尽し三千八百石取りのお側用人にまで上った。そして、当然それなりの権力を藩政上に及ぼしていったのである。

これに対して、何を、新参者がと、改革の風下に立たされたように感じて我慢ならないとムキになって立ちはだかったのが、前田土佐守直躬《なおみ》という人物である。彼は、初代利家の二男利政の系統であるが、三代の利常が太閤秀吉の落胤であるから、自分が前田家の本流であると自負し、吉徳の言うことさえ簡単に聞かなかったという男である。ここで新旧の権力闘争がはじまった。

さて、一方、吉徳の正妻は子を生まずに早く死亡したのであるが、吉徳は、生涯後妻は娶《めと》ることなく側室らに十男八女を生ませている。その長男は、宗辰《むねとき》といい、生んだのは以与（浄珠院・上坂氏）という側室である。直躬は早晩、宗辰の次代が来ることを見越して吉徳の生前から宗辰に接近し、宗辰に大槻のざん言を書面で三回に及んで送っているが四回目のそれは、吉徳の死亡直後である。三田村

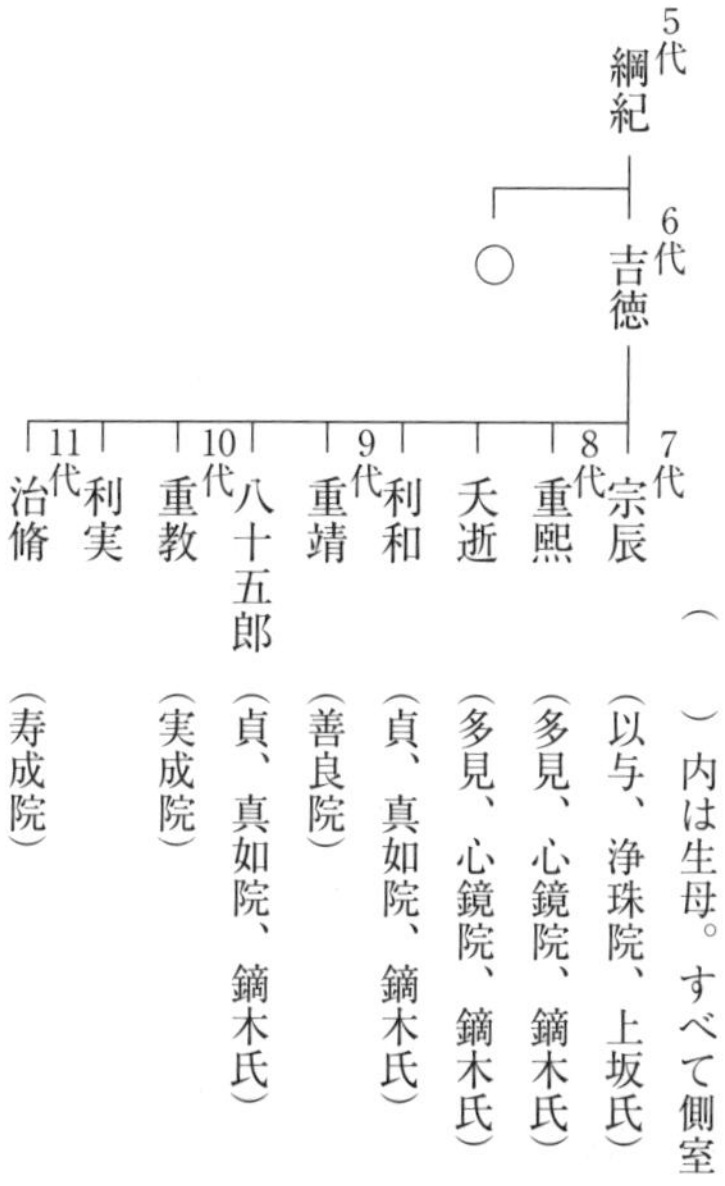

鳶魚氏によるとその四通はすべて残存するが、それによると四通目のざん言は何項目かあるのだが、真実は、大槻が幾日も吉徳の病床につきっきりで便器の世話までしているのに、看病もしないで休暇をとっていたなどとほとんど嘘八百を並べ立てている。

そうでなくとも大槻のような出頭人は、彼を取り立ててくれた主君の死後は、自ら遠慮して政務の表舞台から退《しり》ぞくか、退任させられるのが普通であるが、大槻はそれではすまされなかった。宗辰からは罷免されただけであったが、同人が加賀前田七代を相続後二年、二二歳で死亡し、その弟二男重煕《しげひろ》(母は多見、心鏡院、あとに出る真如院の姪で鏑木氏)が、前田家の八代を継ぐと追い打ちが来る。越中五箇山に流刑となった。

その頃、江戸では、大変な騒動が持ち上っていた。

新藩主重熙と、前代藩主宗辰の生母以与の二人の毒殺未遂事件が発覚したのである。この計画を立案したのは、吉徳の側室の一人、貞（真如院《しんにょいん》、鏑木氏、重熙の母多見の叔母）で、実行者は、中老の浅尾である。貞は、その子の利和《としかず》（吉徳の四男）を重熙を毒殺することで前田の家督を相続させようとしたのである。長男宗辰はすでに死亡し、三男は多見が生んだのだが出産と同時に母子ともに死亡している。したがって当主の重熙が死亡すると利和に加賀百万石が転がり込むわけである。ただ以与をも毒殺しようとした意図はよく分からないが多分、側室間の争いと、大槻追い落しの黒幕とみて、その怨みをはらすことにあったものと思われる。しかし、いずれにせよ、手段が極めて拙劣で毒薬も効果の低いもので、しかも混入したお茶もすぐそれと知れるような異臭を発し、濁っていたというから成功の確率は低かったようである。

さて、ここから前田直躬の大槻一派と貞の排撃というより利和の廃嫡に向けての徹底した工作が開始される。

まず、大槻と貞との間に不倫があったとの捏造《ねつぞう》の事実を流布し、大槻を自殺に追い込むと次は浅尾を処刑し、貞（真如院）も殺してしまう（縊死の強制ともいう）。騒動は利和の幽閉、癈嫡で終る。利和は、十一年間幽閉のまま二十五歳で死亡、母を同じくする八十五郎は元服しないまま二十一歳で死亡している。なお、大槻一族の処置はすべて軽かったというが、その意味するところは何であったのであろうか。また、大槻の経済政策のひとつであった輸出入税は残ったと言われている。

この事件は、事件後わりに早く歌舞伎「加賀見山廓写本《くるわのききがき》」はじめ、いくつかの芝居脚本をはじめ、実録体小説と呼ばれる「見語大鵬撰」、「野狐物語」、「金沢実記」などがある。しかし、三田村鳶魚氏はこれらはすべて、デタラメで尽されていると説かれる。また、大日本人名辞書「オホツキデンザウ大槻傳藏」の項などは、「雄藩逸史」によるとしているが、以上の諸本の書き集めと思われ、ひどいものである。しかし、これらの読み物が成立するときは、まだ事件後それほど日を経ておらず、前田直躬の一族の権勢に対する恐れとおもねりのもとで書かれたものと見れば致し方のないところもある。だが、少なくとも大槻の立場からすると逆に吉徳の看護、真如院との不倫のデッチ上げについての無念さが伝わってくるのである。こんな馬鹿な話があっていいものかと思われてならない。

この事件を振り返ってみると、その本質は、明らかに藩政の改革を目指す新興勢力の経済官僚の台頭とその風下に立つことを家格の上から許さじとする門閥との権力闘争が本筋としてまずあって、これに藩主の相続争いがからんだものと言えるのである。

4　お由羅騒動（薩摩藩　一八二四〜一八五一）

島津家のお由羅騒動は、江戸時代最後の大名家の家督争いである。この騒動は、その熾烈さと残忍極まる凄惨な結果、それにお家乗っ取りの悪企みが大成功に終ることもあるという誠に後味の悪い事件であるが、そういう例があるということでここで述べざるを得ない。まさに「義人《ただしきひと》の義《ただしき》をおこなひて亡《ほろ》ぶるあり。悪人《あしきひと》の悪《あしき》をおこなひて長寿《いのちながき》あり」である。

この事件の遠因も、島津藩の財政の逼迫《ひっぱく》からはじまる。

時は、二十六代島津重豪《しげひで》（栄翁、四二歳で隠居、八十九歳で没）にまで遡《さかのぼ》る。彼の新しがり屋などが原因で乱費のため藩の財政がかなり貧しくなったのであるが、その隠居で嫡出長子斉宣《なりのぶ》が二十七代の宗主となってから秩父二郎を起用し倹約につとめた。しかし、これは変革を好まない保守派の反感を買ったものと察しられる。彼らは、ぜい沢三昧を続けていていまだに権力を握って離そうとしない隠居に近づいて秩父を斥《しりぞ》けようと企てる。折しも斉宣は、秩父の言を容れて倹約の一環として、十年間の参勤の免除を願い出ようとして幕府の怒りを買い、隠居を強いられてしまう。その結果、秩父は切腹し、その周辺は処分を受けて秩父事件は終熄《しゅうそく》する。

けれども、問題はまた続いて起こる。

斉宣のあとはその長子島津斉興《なりおき》が十九歳で相続したが藩の懐《ふところ》は再び悪化の途を辿っていた。栄翁、斉宣の二人の隠居、本国の栄翁の側室らの費用が財政を圧迫した一因である。この時現れたのがお茶坊主出身の調所《ずしょ》笑左衛門広郷《ひろさと》で、栄翁と斉興の登用によるものである。

調所は、奇想天外な財源を考えついた。彼は、秩父二郎の「倹約」の轍《わだち》は踏まない。それは、沖縄の黒砂糖の専売と唐物の密貿易である。また、藩の債務を二百五十年で返すと言って借用証書を債権

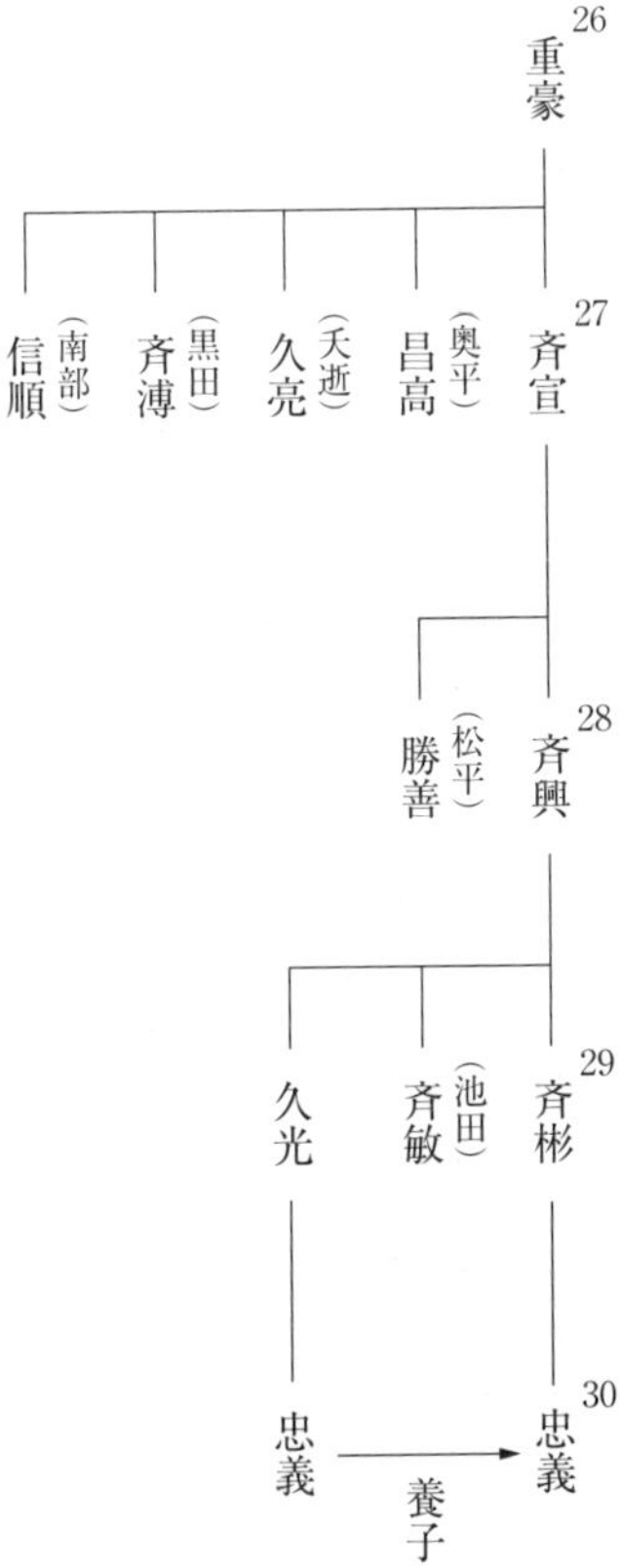

者の前で焼き捨てて、「生かすも殺すもどうにでもしろ」と言ったともいう。彼はこうしたことによって、島津三代にわたる赤字財政を黒字にしたばかりか蓄えにも成功し、三千二百五十石取りの家老に任命され、その権勢は並々ならぬものとなった。

これに目をつけたのが斉興の側室お由羅で本件騒動の主人公である。お由羅はその子晋之進（久光）を何とかして斉彬《なりあきら》を押えて斉興の相続人にしたいと調所を味方に引き入れた。折もよし、嫡出長子の邦丸（斉彬）の嫡母（池田氏）が三十三歳で死亡したのである。チャンス到来、調所は、家老の島津豊後、島津将曹をはじめ多数の者を結集し、斉彬についてあることないことのざん言を斉興に申し出る。

だが、嫡出の斉彬の周囲も黙っていない。家老の島津壱岐、高崎五郎衛門、近藤隆左衛門、（この騒動を「高崎崩れ」「近藤崩れ」ともいうのは、この二人の姓に由来する）山田一郎左衛門らは、これまた多数を集めて、お由羅方に対抗する。

この間、斉彬は正妻を迎え、六男六女をもうけるが、男子は六人とも五男の虎寿丸が七歳でも、もっとも長命で死亡するという夭逝《ようせい》であった。これは、斉彬派からはお由羅方の呪詛調伏によるものと言われたが、毒殺も考えられてよいものであろう。

そうしてこの権力闘争の際中に藩の密貿易が幕府にバレて、調所は斉彬派からの攻撃を受け、ひとり責任をとって自殺したのであるが、その一派は劣えるどころか、ますます劇烈な久光擁立の動きを強めていく。

ことここに至って、遂に、高崎、近藤、山田らは、クーデターという非常手段に訴えることとし、その計画立案に及んだのである。久光の首を獲るというのである。しかし、これは潜入していたスパイによって相手方に筒抜けとなり、斉興の激怒をさそい、高崎、近藤、山田ら六人は切腹となり、他に十数名が遠島を含む重い処分を受けた。しかし、処分はこれにとどまらなかった。新しい証拠が出たとして、さらに翌年四人が切腹となり、約五十人の遠島を含む被処分者を出した。その上で斉興は、久光派に命じ、高崎、近藤、山田の塚をあばき、死骸を掘り出して、高崎の死体は鋸《のこぎり》挽《びき》にした上、磔《はりつ》けにし、近藤、山田の死骸も磔けにするというまさに鬼哭《きこく》啾々《しゅうしゅう》として惨虐非道その比を見ないことをするのである。

傷手を受けた斉彬派は、藩内での闘争では勝目のなくなったことを知り、島津家の親戚である福岡藩主黒田長溥《ながひろ》に救いを求めた。このことからこの騒動に幕府が直接乗り出し、さしもの紛争も終止符を打った。

老中阿部正弘は、騒動の原因は斉興の専横にあるとみたのであろう。紆余曲折《うよきょくせつ》の末、同人を隠居させた上、斉彬を相続させた。ときに斉興はすでに六十二歳に達し、斉彬は四十二歳になっていた。そして、斉彬はその七年後四十九歳で痢病にかかり、久光の子で当時十八歳になる忠義を継嗣とする旨の遺言をして死亡した。

なお、斉彬の末子六男哲丸が五歳が死を迎えるのは、斉彬が死亡して六箇月にもならないときであった。斉彬が哲丸をさしおいて忠義を立てたのは、当時、幕末の騒然たる世情を考え、併せて前に夭折した五人の男子に哲丸を重ね合わせ、この子だけはと成人を願ったからなのかも知れない。

こうして見てみると、お由羅騒動もまた相続問題を利用した二派の対立抗争が根底にあり、藩の財政問題が深くかかわっていることがよく分かるのであるが、この騒動には暗愚な権力者が愛妾に引き廻されている姿もまた見えてくるのである。

第三章　古典文学に見える遺産紛争
――遺産についての考え方――

古典文学に見える具体的な遺産をめぐる争い、あるいは、遺産についての考え方というのは多くあるようでありながら、実はわれわれの目に触れるものはそれほど多くはないと思われる。

この章ではその中から、おおむね時代の古いものの順に挙げていこうと思う。

一　プルタルコスの「ソロン」

まず最初に、プルタルコスの「ソロン」から遺言についての考え方を、世界古典文学全集23筑摩書房刊プルタルコス（村川堅太郎訳）から抄出してみる。

彼は遺言に関する法でも名声を得た。それまでは遺言は許されず、財産と家とは故人の近親《ゲノス》の手に留まる定めであった。ところがソロンは、実子のない場合には、自分のものを誰でも、彼の望む者に与えることを許して、親族関係よりも友情を、必然よりも好意を重んじ、財産を持ち主の真の所有物とした。しかし他面彼は全く自由、無条件に贈与を認めたのではなく、病気とか薬品とか監禁とか強制とかに影響されたり、また誰か女の甘言につられた場合は別とした。彼は正当にも、最善に反することを説得されるのは、強制されるのと同じであるとし、欺瞞と強制、苦痛と快楽とを同列に置き、人間の理性をくらます点では互いに劣らぬとしたのであった。

ソロンという人物は、紀元前六〇〇年前後の人で、法律家の中でも立法を主とし、ギリシャ七賢の一人と言われるが、晩年は、自ら立法した法の実行されないことを悲しみながら死亡したとされる。さて、右に引用したプルタルコスの「ソロン」の遺言に関する記述は、これだけではもちろんソロンの相続に対する考え方の概略すらうかがうことのできない不正確なものである。つまり、被相続人に実子のある場合はどうなるのか、重要な点の説明が抜けているし、被相続人の一定範囲の近親者への相続も認められていなかったのかどうかもはっきりしない。この記述では、かつては他人への遺贈だけが禁止されていたと受けとれるのみである。

ただ、この記述から言えることは、ソロンによる法改正によりその前どのくらいまで遡《さかのぼ》るのかは不明であるが、それまでとは違って、遺贈が他人に対してもできるようになったということと、それは、遺言者の意思がまったく自由なもとで行われたものでなければ認められない（自由なものでなければ無効事由となり、取消事由となる）ということである。

これは、視点を動かしてみると、ソロンの法改正以前は、被相続人の財産というのは、その生前から、一定の範囲の親族（推定相続人たち）による潜在的所有権とも言うべき権利を認めていたものとも考えることができる。したがって第三者への遺贈は認められなかったのである。その考え方つまり推定相続人の潜在的所有権ともいうべきものは、現在のわが民法にも残滓をとどめているのを認めることができる。遺留分の制度がその残滓であると言えよう（このことはまたあとで述べる機会があろう）。

二　古事記

現代日本のわれわれにとって相続と言えば、まず頭に浮かぶのは、祭祀相続でもなければ祖名相続でもない。財産相続であろう。そしてそれの対象は、生産手段的な財産、非生産的財産の区別なくすべての財産の所有を前提としている。

では、そのような私的財産の所有についての古い争いを古事記にみてみることにしよう。われわれが幼いころに知った例の海幸彦と山幸彦の争いである。

故《かれ》火照《の》命は、海佐知毘古《うみさちびこ》と爲《し》て、鰭《はた》の廣物《ひろもの》・鰭《はた》の狹物《さもの》を取り、火遠理《の》命は、山佐知毘古《やまさちびこ》と爲《し》て、毛《け》の麁物《あらもの》・毛の柔物《にこもの》を取りたまひき。爾に火遠里《の》命、其の兄《いろせ》火照《の》命に謂《い》ひしく、「名佐知《おのおのさち》を相易《あひか》へて用ゐむ。」といひて、三度《みたび》乞ひたまへども、許さざりき。然れども遂に纔《わづ》かに相易《あひか》ふるを得《え》たまひき。爾に火遠里《の》命、海佐知を以ちて魚《な》釣らすに、都《かつ》て一つの魚《うを》も得たまはず、亦其の鉤《ち》を海に失ひたまひき。

是《ここ》に其の兄火照命《の》、その鉤《ち》を乞ひて曰《い》ひしく、「山佐知も、己《おの》が佐知佐知、海佐知も、己が佐知佐知。」といひて、「今は各佐知返さむ。」と謂《い》ひし時に、其の弟《いろど》火遠理命《の》答へて曰《の》りたまひしく、「汝《いまし》の鉤は、魚《な》釣りしに一つの魚《うを》も得ずて、遂に海に失ひつ。」。然れども其の兄強《あなが》ちに乞ひ徴《はた》りき。故其の弟御佩《みはかし》の十拳劔《とつかつるぎ》を破りて、五百鉤《いほち》を作りて、償《つくの》ひたまへども取らず。亦一千《ち》鉤《ぢ》を作りて、償ひたまへども受けずて。「猶《なほ》其の正本《もと》の鉤《ち》を得《え》む。」と云ひき。

（本文は、倉野憲司「古事記全注釈四巻」による）

大意は火照命《ほでりのみこと》は、海幸彦と言われ、大小の魚を採るのがうまく、火遠理命（彦火々出見尊《ひこほほでみのみこと》ともいい、神武天皇の祖父とされる）は、山幸彦と言われて、いろんな山のけものを獲ることが上手であった。あるときのこと、山幸彦が兄の海幸彦に「どうですか、ためしに兄上の漁具の釣鉤《つりばり》と私の猟具の弓矢とをとりかえて仕事をしてみませんか」と言ってみた。しかし兄は承知せず、その申出を何回もことわったが、弟のしつこい頼みに負けてとうとうシブシブながら道具を互いにとりかえた。そうしてそれぞれが馴れない漁夫と狩人をやってみたが、どちらもうまくいかなかった。しかも弟の山幸彦は、兄から借りた釣鉤《つりばり》を海に失ってしまうのである。

兄の海幸彦は、「他人の道具ではやはりダメだ。自分の道具（サチ）でないと獲物（サチ）はとれないのだ」と言って、弟に弓矢を還し、自分の釣鉤《つりばり》を返してくれと迫った。弟は「魚は一匹も釣れず、鉤《はり》は海に落してなくしてしまった。許してほしい」と謝罪したが兄は許さない。どうしてもその釣鉤《つりばり》を返せと責めたてる。弟は仕方なく、自分の十拳剣《とつかのつるぎ》を熔かして沢山の釣鉤《つりばり》を作って持参したが、兄は、「何がなんでも、もとの自分の鉤《はり》でなければダメだ」と受け取りを拒否したのである。

このあと話は、弟が海神の歓待を受けるところなどは浦島伝説のごとく展開し、最後は、兄が弟に戦いを挑んだが敗れ、屈服して終る。

この神話は、明らかに私有財産を前提としているもので、漁撈具、狩猟具などの生産手段としての道具が財産としていかに大切にされていたかを示している。鍬《くわ》や鋤《すき》などの農機具についてもまったく同様であったことは疑いない。物の私有はまずこのような生産手段器具からはじまったものであろう。

この神話は、金属の剣が出てくることから明らかに弥生時代に入っており、釣鉤も矢尻も石片や鹿の角などの製品ではなく、金属器であり、それだけに貴重品として取扱われていたことがうかがえる。財産相続は、まずこのような品々から始まったと思われるのである。つぎには、生産器具のほかに身を守る武器なども、財産相続の対象として早くから取り扱われていたかも知れない。ただし、どちらも集団の所有としての対象物件も当然にあったことは想像にかたくない。

なお、私有財産といえば、旧約聖書「十誡」のうち八番目の「汝盗むなかれ」は私有財産の容認が前提とされているものであるから当時も相続があったことは言うまでもない。

十　誡

我は汝の神エホバ、汝をエジプトの地、その奴隷たる家より導き出だせし者なり。

汝我が面《かお》の前に我のほか何物をも神とすべからず。

汝おのれのために何の偶像をも彫《きざ》むべからず。また上《うえ》は天にある者、下《しも》は地にある者、並びに地の下の水の中にある者の何の形状《かたち》をも作るべからず。これを拝《おが》むべからず。これに事《つか》うべからず。我、エホバ、汝の神は嫉《ねた》む神なれば、我を悪《にく》む者に向かいては父の罪を子に報いて三、四代に及ぼし、我を愛しわが誡命《いましめ》を守る者には恩恵《めぐみ》を施《ほどこ》して千代に至るなり。

汝の神エホバの名をみだりに口に挙ぐべからず。エホバはおのれの名をみだりに口に挙ぐる者を罰せではおかざるべし。

安息日《あんそくにち》を憶《おぼ》えてこれを聖潔《きよ》くすべし。六日のあいだ労《はたら》きて汝のすべての業《わざ》をなすべし。七日は汝の神エホバの安息なれば、何の業務《わざ》をもなすべからず。汝も、汝の息子《むすこ》、息女《むすめ》も、汝の僕《しもべ》、婢《しもめ》も、汝の家畜も、汝の門のうちにおる他国《よそぐに》の人も然り。そはエホバ六日のうちに天と地と海とそれらのうちのすべての物を作りて、第七日《なぬかめ》に息《やす》みたればなり。ここをもてエホバ安息日を祝いて聖日《せいじつ》としたもう。

汝の父母《ちちはは》を敬え。こは汝の神エホバの汝に賜うところの地に汝の生命《いのち》の長からんためなり。

汝殺すなかれ。

汝姦淫すなかれ。

汝盗むなかれ。
汝その隣人《となり》に対して虚妄《いつわり》の証拠《あかし》を立つるなかれ。
汝その隣人の家を貪《むさぼ》るなかれ。また汝の隣人の妻、及びその僕、婢、牛、驢馬、並びにすべて汝の隣人の所有《もちもの》を貪《むさぼ》るなかれ。

三　詞花和歌集（勅撰集）
――源氏物語――

勅撰和歌集といえば、四季の諷詠からはじまって、恋の歌、固いところでも神祇《じんぎ》、釈教の歌であるが、ここにその固い歌の中に、財産の生前贈与をめぐる争いの歌が撰ばれている。これは稀有のことであろう。

その歌は、古今集から数えて六番目の勅撰和歌集である詞花和歌集（一一五一年ころに成立）にあるが、詞花和歌集は、九五二年ころ成立した後撰集以降の歌を撰したというから、この歌も、古くて九五二年ころ以降おおよそ数十年の間に詠まれた歌ということになろう。

さて、その歌というのは、

いなりの鳥ゐにかきつけて侍ける哥　　よみ人しらず
かくてのみ世に有明の月ならば雲かくしてよ天くだる神

おやの処分をゆゑなく人におしとられけるを、此こと事わり給へと、いなりにこもりて祈申ける法師の夢に、やしろのうちよりいひいだしたまへりける歌

長き世のくるしき事をおもへかしなに歎らんかりのやどりに

（和泉古典叢書第七巻「詞花和歌集」松野陽一編による）

とある二首目の「長き世の」の歌であるが、問題は、その詞書《ことばが》きにある。「おやの処分」の「処分」は、「そうぶん」と読むのであるが、詞書《ことばが》きと歌を要約すると、親が生前に分与してくれた財産を理不尽にも人にとられてしまいました。どうか稲荷明神よ、理非をただしてはっきりさせてください。と神社に籠ってお祈り申し上げた法師（僧）の夢に社《やしろ》の中から稲荷明神の御託宣が歌の形となってくだったのである（僧が神に祈るのはおかしいようだが、稲荷神社は神仏混淆《こんこう》の要素の強い社《やしろ》である）。

その歌の大意は、

（そのような願い事は、現世のつまらぬことではないか、そのようなことにいつまでも未練がましくしていると）あの世は永い。その永い世でつまらない些細なことで、ずーと苦しむようになる。そのことを考

えよ。仮りの宿りのこの世に僧の身であるそなたがくだらないことで嘆くことはないのだ。

ということになろうか。

また、藤原清輔の袋草子（希代和歌）では、稲荷御歌としてこの歌をのせて、「是は近年ノ事也。或僧聊カ有二争論ノ事一。稲荷ニ百日参詣シテ祈念する夢に見る也と云々」とある（日本歌学大系第二巻佐佐木信綱編七三頁）。ここで言っている「争論」とは、訴訟に持ち込んで争うという意味であるが、この歌の詞書きにいう「人」は、血縁のない赤の他人を言っているのではない。他人であるならば、わざわざ「おやの処分を」とことわることはない。「おのがものを」でよいわけで、遺言による遺産、あるいは親からの生前贈与財産を身内親族の誰かと訴訟をやったあげくこの僧が敗訴したのである。しかし彼はその結果にどうしても納得できない。そこで稲荷神社に願《がん》をかけて持って行われた財産を取り戻そうとしたと考えられるのである。

なお、「そうぶん」は源氏物語にも何回か出てくる。

1　澪標に「二条院の東なる宮、院の御そうぶんなりしを、二無く改め造らせ給ふ」（二条院の東隣にある御殿は、故院がお形見分けとして下し賜ったものでしたのを類なく結構に御改築になります。）

2　若菜上に「親しき限りさぶらひける程につけて、皆そうぶんし給ひて」（親しい者共ばかりお側に仕へてをりましたので、その人々の分に応じてそれぞれ分けておやりになりまして）

3　柏木に「御そうぶんにおもしろき宮給へるをつくろひて」（分けて戴いた広い結構な御殿があるのに手入れをして）

4　竹河に「うせ給ひなむ後の事ども書き置き給へる御そうぶんの文どもにも」（お亡くなりになってからの御遺産のことなどを御遺言なされたおん文どもにも）

などがその例である（右の現代語訳は、谷崎潤一郎「潤一郎譯源氏物語」中央公論社による）。したがって、一一世紀初頭（平安中期）に書き上げられたと考えられる源氏物語の舞台では「そうぶん」はあたり前のことであったのだから、財産の生前贈与処分と遺言による贈与が摂関家の内部に行われた慣習法であったことは相違ないと思われる（石母田正『日本歴史古代4古代法』岩波書店参照）。

なお、現代において、他人との間の金銭の貸借などの通常の民事訴訟ならば、こちらに分があるとか、ないとかは、ある程度訴訟している本人たちは心得ているのが普通であるから、判決に至るまでの期間は、よほどの大事件でない限り何年もかかるということは数少ないのである。しかし、遺産に関する争いとなるとなかなかそうはいかない。金銭の欲得勘定以外に人と人とのしがらみが争いに大きくかかわってくるからである。遺産に関する一〇年戦争などざらにあり、はじめの争いの当事者である兄弟姉妹がほとんど死に絶えても、その跡を継いだ者たち、つまりそのいとこ間や、その者たちと、その伯父や叔母たちをひっくるめてさらに激しく争いつづけることも見受けることができる。肉親、血のつながった者の間の相剋ほど凄まじいものはない。感情が許さないのである。稲荷明神に百日の参詣までして訴えていることは、まず、肉親間の争いに間違いないということになる。

四　棠陰比事
――醒睡笑・塩尻・古事談――

次は、中国に目を移してわが国の「大岡政談」や井原西鶴の「本朝櫻陰比事」に大きな影響を与えた「棠陰比事《とういんひじ》」でどのような遺産争いが彼の国で繰り広げられたかのぞいてみることにする。

この「棠陰」というのは、甘棠（果樹）の木陰、「比事」は訴訟のことをいうが、周の賢人召伯なる者が甘棠の木陰で民の訴の理非を聞きわけたというのがこの書名のいわれである。その著者は、宋の桂萬榮。一二一一年の著作で、内容は一四四話の裁判物語で構成されている。

以下は、駒田信二訳「中国古典文学大系第三九巻」平凡社によって遺産に関する話を現代風にアレンジして要約したものである。

1　老後の子供

BはAの先妻の娘で結婚している。CはAの後妻でその間に男の子Dがいる。Dは、Aの八〇歳過ぎての子である。Aの死後BはAの遺産をすべて取得しようと考えて、AとDとの間には親子関係が

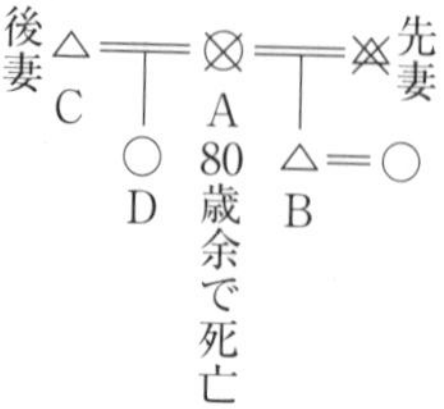

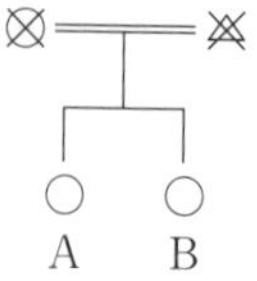

存在しないとして訴を提起した（当時の中国の法では、子がいるときには妻に相続権がなかったと思われる）。

このとき、役人は、老人の子というのは寒がり屋で、しかも陽が当たっても影が映らないということを知り、秋になってからDと同じ年頃の子らを集めてみんなを薄着にさせていた。するとDだけが寒がって陽が射してもその影が地上に映らなかった。そこでBの言うことは嘘だということになり、Aの遺産はすべて男の子Dに帰属したということである。しかし、老人の子に関するこのようなことは、現行民事訴訟法一七九条にいう「裁判所に顕著な事実」や、公知の事実には当たらない。

2　遺産の配分

兄Aは、遺産の分割協議に当たり弟Bと争い、自分の取り分を多く主張した。弟は不服として訴え出た。兄はその場で自分は弟と公平になるように分割の案を作ったのだと言った。役人は、公平に作ったというなら交換してもいいはずであるとしてAが作った分割案の物権取得者をA、B反対にした。Aはこれに従うほかはなかった。

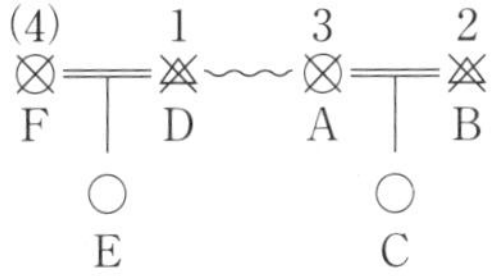

数字は死亡の順である。

これに似た駈け引きは、現在の遺産分割調停にもよく現れる。また、代償金（遺産取得の超過分を債務負担の方法で清算する金員のこと。例えば一方が不動産を取得する場合、その評価額の半額を他方に支払う金員）を支払うとき、支払側があまりに低い評価をすると、代償金の受け取り側が、そんなに低い額なら、自分がその不動産を取得してその額をそちらに支払うと言い出すことがよくある。

3　証拠の弾丸（戸籍の記載）

Eは、Aがその下男であるFの妻Dと通じて生れた子であるが、Aが引き取って養育していたところ、Dが死亡したのでAの妻Bと、A、B間の嫡出のCとが共謀してEをFに引き取らせた。その後Bも死亡し、間もなくAが死亡し、Aの相続が開始した。EからCに対し遺産分割の請求が為されたが、Cは、Eの相続人の地位を争った（Aの子ではないという趣旨と思われる）。しかし役人は、戸籍の記載をそのまま正当と認めてEの相続人としての地位を認めた。駒田訳によって推理すると、AはEを認知しており、しかも、現在わが国で行われている「子の氏変更」の手続を経て、EはAを筆頭者とする戸籍に入籍していたものである。

現行法のもとでは、戸籍の記載や不動産登記簿の記載の内容は一応正しいもの

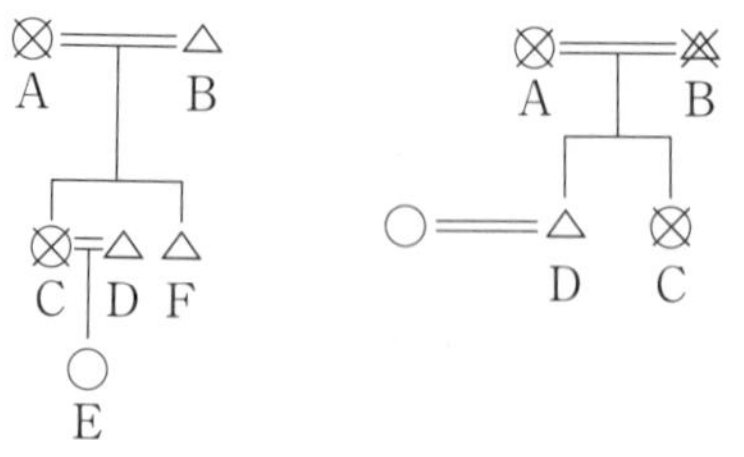

として取り扱われるから、これを争う者は訴訟を行い、勝訴しなければそれらの記載内容と異る主張を家庭裁判所の遺産分割事件ですることはできないことになる。

４　遺産の継承

強盗が、ある一家を襲って夫婦A、Bとその息子Cの三人を殺害した。AとBとは即死であったがCは重傷を負い、翌日になって死亡した。この場合の相続について、当時の中国の「一家断絶の法令」の解釈適用についてある役人は、「一家が断絶した場合に当たるから、遺産は他家に嫁いだDが相続すべきである」としたが、他方、「そうではない。A、Bの死亡時にはCが生存していたのだから、一旦はAの遺産はCが相続したのだ。したがって、Cの相続の観点からすると、Dは法令にいう『一家断絶の際は他家に嫁いだ娘』には当たらないから相続することはない」という解釈論を展開する役人がいて後者が採用された（この項の駒田信二氏の訳文は非常に分かりづらいものとなっている）。

わが国の現行民法でも被相続人と、推定相続人の死亡がどちらが先かで相続人が変ってくる。

例えば、図でAがまず死亡し、Cがその後に死亡したときには、Cの死亡時までにAの遺産分割が終っていれば、問題は単純で、Cの死亡時遺産について、DとEがそれぞれCがAから相続した分を含めてCの総遺産の法定相続分が二分の一ということになる。もし、Cの死亡時までにAの遺産分割が終っていないときは、Aの相続人と、それぞれの法定相続分は、B(二分の一)、D(八分の一)、E(八分の一)、F(四分の一)でCの妻Dが入ってくる。

ところが、Cが先に死亡し、Aがその後に死亡して被相続人となったときのその相続人と相続分は、B(二分の一)、E(四分の一)、F(四分の一)となって、Dは相続人とはならない。Eはこの場合、代襲相続人と呼ばれる。

遺言者よりも先に受遺者が死亡した場合にも問題が生ずる。受遺者に対する部分の遺贈は無効となって、その部分についての遺言はなかったことになるからその部分に限りあらためて遺産の分割をする必要がある。しかし、遺言者が、受遺者が自分より先に死亡することも考えて、その場合について別に遺言をしているときは、もちろんそれにしたがうことになる。

5　遺書の真意

Dの父AはDが三歳のとき死亡した。母BはAの前に死亡し、姉CがEと結婚している。Aは死ぬ

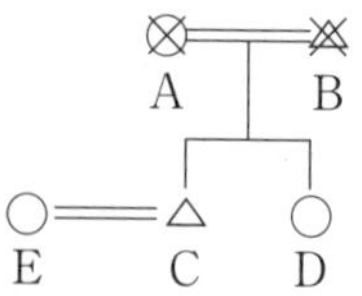

前にCの性格がよくないので、遺言をした。その内容は、金財産をCに遺贈する。ただし、そのうちの剣一振りをDが一五歳に達したら渡すこと。というものであった。しかし、Dが一五歳になってもCはその剣を渡さなかった。そこでDは剣を渡すことを求めてCを訴えた。裁判官は遺書を見て検討し、CとEに対して、

「Aは、仮にDに財産を遺贈したなら、CとEとは共謀して幼いDを殺害してその財産を奪うだろうと考えたのだ。それで、Dが一五歳という判断能力をそなえた段階で剣を渡せと遺言したのだ。そして、CとEはそのときも遺言にはしたがわないだろう、そのときは、判断能力を備えるに至ったDが裁判に訴えるだろうとも推測し、裁判官は必ずや遺言に隠された自分の真意を汲みとってくれるだろうと信じてこの遺言を書いたのだ」。

と言ってすべての遺産をあらためてDに与えた。現代の裁判ではもちろんこのように裁判官の恣意《しい》で遺言の全趣旨が根本からひっくり返るような判断がなされることはあり得ない。遺言の文面に疑義のあるときは、その解釈につき当然論理的な判断が示される。

なお、一五歳という年齢は、是非を判断することのできる一応の知的能力を備えたであろう基準と現行の民法も考えている。例えば、民法七九七条では、養子となる者が一五歳未満であるときは、その法定代理人が、これに代わって、縁組の承諾をすることができる。とあるが、これは逆に、養子

となる者が一五歳以上であるときは、法定代理人の代諾は不要で、本人が承諾するということになる。単独で遺言することのできるのもまた一五歳に達したときからである(民法九六一条)。また、特別家事審判規則第五条が、家庭裁判所は、氏の変更を許可するには、同一戸籍内の一五歳以上の者の陳述を聴かなければならない。といっているのも全く同趣旨である。そのほか、同規則の一九条、二〇条の三も同様一五歳以上に一定の能力ありとしている。

さて、この棠陰比事の「遺書の真意」が、わが国に入って換骨奪胎した物語になるとどういうことになるであろうか。一気に近代化するのである。「醒睡笑」を紹介する。「醒睡笑」は、安土桃山から江戸初期の僧侶で茶人でもあった安楽庵策伝(一五五四―一六四二)なる人物が、京都所司代板倉重宗に献呈した(一六二八年)千三十余の膨大な短編笑話集である。しかし、内容は、単なる笑い話でないことは、以下にみる同書四之巻「聞へた批判」一三　板倉政談その十で明らかである。

京にて、銀子《ぎんす》三拾　貫目《くわんめ》持ちたる者、命終《みようじう》の時妻にむかひ、「わが先腹《さきばら》の男子《なんし》六歳なり。十五まではそだてて、十五にならば銀を五百目《め》渡し、いづくへも商《あきなひ》につかはすべし。残る銀子はそちままにせよ」と、遺言《ゆいごん》して書物《かきもの》をし、渡しぬ。かの子既《こすで》に十五になる時、右の後家《ごけ》、銀子を五百目、子にやり、「いづくへも出《で》よ」といふ。子、さりとも難儀《なんぎ》なる旨《むね》、所司代板倉周防守へ申上ぐる。母と子とを呼び出し、委細《いさい》にいはせて聞き給ひて、その町の年寄《としより》どもに、「かの親の行跡《かうせき》は」ともあれば、一同に申す様、「世に越えたる律義者《りちぎしや》、また才覚《さいかく》もあり。公義《こうぎ》の御用《ごよう》をととのへ、町の重宝《ちようほう》にて御座候へ」と。周防守殿、後家に問ひ給ふ、「その銀子は元のごとくありや」。「なかなかあり」。「さては汝が夫、日本一の思案者《しあんしや》なりしぞかし。その故《ゆえ》は、人の親として、子に物の惜《を》しからんや。女房《にようぼう》に取らするといはずは、銀《かね》をみな遣《つか》ひすつべしと、工夫《くふう》のうへにていひ置きたるなり。しかる間、後家に取らするといひし三拾貫目をば子にやるべし。子に遣《つかは》すといひし五百目をば後家に渡し、それをもって寺参《てらまゐり》の香花《かうはな》にあて、そちは一円子《いちゑん》に打ちかかり、心のままに馳走《ちそう》せられ、安々《やすやす》と世を送れ。もし子があひしらひあしく、気にあはぬことあらば、こちへ知らせよ。曲事《きよくじ》に行《おこな》はん」と下知《げぢ》ありつれば、聞く者皆涙を流さぬはなかりき。かくて座を立たんとするに、くだんの親がいとこたる老人とて、書物《かきもの》を一通持《つうも》ちて出で、周防守へ捧《ささ》げていはく、「『さだめて一度は子と後家と、出入《でいり》あらんこと疑《うたが》ひなし。これを上げて申せ。後家にいひ渡したるは始めの日付《ひづけ》なり。そちへ書置《かきお》くは日付後《ひづけのち》なり』と申せし。今仰出《おほせいだ》さるる御下知を、謹《つつ》しんで承《うけたまは》らんため罷出《まかりい》でたり。親が存じたりし心底《しんてい》と、御批判《ごひはん》の趣《おもむき》、すこしも違《たが》はず」と、手を合《あは》せ礼《れい》して感じたり。

（岩波文庫「醒睡笑」㊤鈴木棠三校注二七九頁による）

ここでは、棠陰比事の「遺言の真意」の剣一振りが銀五百目に、全財産が銀子三拾貫目などに置き換えられているが、問題にした一五歳はそのままである。そして遺言の解釈について、「遺書の真意」では、子に殺害のおそれありとしていたものを、子の浪費のおそれありとみてのことだとして穏やかなものとなっている。だが、「醒睡笑」でもっとも注目しなければならないのは、最後の遺言者のいとこの老人の提出した書類、すなわち第二の遺言書ともいうべき書物《かきもの》である。

現行民法第一〇二二条は、

遺言者は、何時でも、遺言の方式に従って、その遺言の全部又は一部を取り消すことができる。

とし、

第一〇二三条の第一項は、

前の遺言と後の遺言と抵触するときは、その抵触する部分については、後の遺言で前の遺言を取り消したものとみなす。

と規定する。

要するに、当時すでに現行民法の一〇二三条の成文法が少なくとも慣習法として存在していたことを示している。であるから、いとこの老人は何も板倉周防守に余計な心配や、質問をさせることはなかったので、いきなり預っていた書面を出せばそれでよかったのである。しかし、それでは話として面白くないので、言渡しが終ってから出したことにしたのであろう。

「遺言は、生存の最後の瞬間まで動揺する」という格言がある。そこを起点とする現行民法であろうし、それは人間の煩悩をも示している。

現代の調停の場でも作成した日付けの違う遺言者が何通も出て争われることが多い。後日《あと》付けの遺言に抵触する前日《まえ》付けの遺言は、その抵触する部分について後日付けの遺言で取り消されたものとみなすという民法一〇二三条一項の規定の考え方は、古くからのものであることは以上に見たとおりである。そして、それはわが国だけのことではなく、外国でも同じであったことを、C・ディケンズ（一八一二―一八七九）の「われらが共通の友」（ちくま文庫間二郎訳四一五頁以下）でみてみよう。本書の筋書については、本章の**一九**を見られたい。

「……（前略）わし（ウェッグ）はその文書を調べてみた。書式も証人署名も型通りでごく短いものだったよ。一人の友人もないし、子供はみんなろくでなしの親不孝だから、『余、ジョン・ハーマンは小塵芥《ごみ》山をニコデマス・ボッフィンに贈与し――同人には十分な遺贈と考えられる――、残余の資産はあげて英国王室に遺贈するものとす』とかいう内容だった」

「いま有効と認められている遺言の日付を調べなけりゃな」ヴィナスが意見を述べた。

「あっちの方がこれより後かもしれない」

「しまいまで聞きな！」ウェッグは大声で言った。「わしもそう思ったのさ。わしは一シル払って（相棒として半分出すなんて心配はいらないよ）あの遺言者を役所で調べてみた。なんと兄弟、あの遺言書はこれより一月前の日付だったよ（後略）」

　これは、ジョンハーマンという金持ちの塵芥処理業者の遺言によってその全財産を遺贈され、金持ちとなったボッフィンという作業員がいるのであるが、たまたまその遺言者の後日付の遺言書でボッフィンへの遺贈はハーマンの全遺産ではなく、その一部であるというものを入手したウェッグとヴィナスという二人の悪党の会話である。二人はそれをタネにボッフィンをおどして金をせしめようというのである。ウェッグの言った「あの遺言書」というのは、先日付けの遺言書である。

　この会話の中から、イギリスでは当時からこのような教養のない小悪党どもでさえ、遺言についてかなりの知識をもっていたことや少なくとも検認？あるいは実行ずみの遺言書が一シリングで役所で公開された情報であったことがうかがひ知ることができるのである。

　ついでに、同書四二一ページに遺言書の破棄についての話が出てくるので紹介しよう。

　それは、
　彼（ウェッグ）とヴィナスはめいめいに遺言書の片隅を握っていて、必然的に二人の間の距りはいくらもなかった。そしてその遺言書はごく普通の一枚の紙だった。

「相棒」とウェッグはさらに媚びるような声で言った。「どうだろうね。これを真ん中から切って、各自半片を保管することにしたら」ウェッグはもじゃもじゃ頭を振りながら答えた。「切るのはいけねえよ。相棒。破棄された遺言だと思われる」

民法八九一条五号に、遺言書を破棄した者は、相続人となることができないことを定めている。ウェッグとヴィナスは推定相続人ではないから、この条文には該当しないのであるが、現代のわが国で言えば刑法二五条に定める私用文書毀棄の罪で五年以下の懲役に処せられる可能性があることになる。この部分のヴィナスの発言によると、当時のイギリスでは、遺言書を半分に切ったときは、その遺言書は、「破棄することによって取消した遺言書と思われる」と言っているようである。

また、同書（下）四一七頁には、遺言書の検認手続が「検証手続」という訳語で出てくる。「遺言書の検認」は、民法一〇〇四条で定められているが、その目的は遺言書の存在、その形態と内容の確認行為であって、有効、無効の判断ではない。そういうことからいうならば、検認手続は、民事訴訟法でいう「検証手続」と「証拠保全手続」とを併せもった手続とも言えるものであり、間二郎訳は誤っているとは言えないものを持っている。

次項の「十六夜日記」も、遺言が争いの発端を作るのであるが、大変うまい遺言というものを天野信景がその著作「塩尻」で紹介している。

京師の富人壺某とかや、老病に臨て数多の子供を集めて曰、世に子に遺言をなして却て跡のみだりがはしき多し、我甚是を非とす。我蔵の財は一巻の目録に有。汝等得まほしき物あらば互ひに和らぎ集りて我為に遺書を作れと。子供諾し、親族を会し、彼詞の通り互ひに恨なき様に書しかば、父見て甚好とて印章をして、所の名主にも見せて、後程なく身まかりける。跡には種々の財宝居宅金銀及券証なんど有しかども、多くの子供かねて定めし儘に取侍りしかば、争もなくて中よく今にありと京の人語りし。あはれかしこき謀事なり。古今所分に依て兄弟仇敵のやうになるも少からず。此商家数十万金の跡むつかし事なき、実に慈といふべきのみ。

（日本随筆大成第三期13三三一頁）

天野信景（一六六二―一七三三年）は尾張藩士。博学で門下生が多数あったという。

右の文の大意は、京の金持ちが病床に子供たちを集めて、「遺言をして逆に死後面倒の起きることが多い。それはいけないから、ここに財産目録を作ってあるので、お前達がこれを見て相談の上、自分に代って遺言書を作ってくれ」と言った。子供たちは親戚と協議して父の遺言書を作り見せたところ、喜んで印を押し名主の了承も得て間もなく亡くなった。死亡後、その遺言書のとおり遺産を分け、争もなく子供らは仲好くやっているとのことだ。実に賢明なことであった。昔から、遺産分けで兄弟が仇敵のようになることも少なくないのにこの商家の大金持ちに問題がなく跡が立ったのはめでたいことである。と。

現代でも応用できそうな遺言書の作成経過である。ただし、子供たちの作った遺言書にそのままそこに印を押しては、自筆遺言書にならない。全文を同文で自分で書き改めて作るか、公正証書にしなければだめということになる。

ついでにこれと反対の凄まじい遺言をご覧に入れるが、これは源顕兼《あきかね》（一一六〇―一二一五）編の説話集「古事談」にある。この集は客観的な眼で貫かれ、主観的評語が加えられておらず佳品である。

問題の遺言の主は覚猷《かくゆう》（一一五三〜一二四〇、「鳥獣戯画」で有名な鳥羽僧正その人である）で、その遺言と、その前後の事実は次のとおりである。

覚猷僧正臨終之時、可二処分一之由、弟子等勤レ之。再三之後、乞二寄硯紙等一書之。其状ニ云、処分ハ可レ依二腕力一云云。遂入滅。ソノノチ白川院聞二食此事一、房中可レ然弟子後見ナドヲ召寄テ、令レ註二遺財等一。エシモイハズ分配給云云。

右の本文は、小林保治校注「古事談上」現代思潮社二八一頁に依ったが、大意は、覚猷が遷化しようとする際、弟子どもが、その財産（お布施などで稼いだものがよほど多かったものと思われる）についての遺言（処分《そうぶん》）を再三にわたって迫ったので、硯や筆紙を取り寄せて遺言を書いた。そこには何と「処分は腕力に依るべし」としかないことが入滅後明らかになったのである。欲しい者は殴り合いで勝ったものが獲ったがよかろうというのである。坊主の弟子どもがまさか摑み合うわけにも行くまい。とこうする間に、その話が白河院の耳に達し、院は弟子や後見に遺産目録を作らせとやかくなく公平に分配なされたということであろう。

仏につかえる弟子の僧侶らに向って、腕力で事を決せよというのは、それら僧侶らに遺産をめぐる争いを予想される言動があったことに対する痛烈な皮肉を以って覚猷は応えたということだ。その当時も一般僧侶の俗化がここまで来ていたということがこの説話ひとつからも知れるし、法律的に見れば、白河院（鳥羽上皇）は、覚猷僧正には遺言で財産を分配する意志なくして他界したものとみなして、改めて公権力で遺産の分割（裁判）をされたものと考えられるのである。

五　十六夜日記

「十六夜日記」は、藤原定家の子、為家の側室阿仏が為家との間の子為相のために、為家とその嫡妻宇都宮頼綱（後の蓮生、鎌倉幕府の高官であり、歌人として定家、為家の高弟でもあった）の女《むすめ》との間の嫡男為氏との訴訟に鎌倉に下った（弘安二年—一二七九年）折の紀行と、翌年秋までの間の鎌倉に滞在していたときのことが記されている（阿仏は、訴訟の結果をみることなく、その後弘安六年—一二八三年—に鎌倉で六二、三歳で客死したとも京に帰って死亡したとも言われている）。

阿仏は為相を生んだ二年後にさらに為家の子為守を生んでいるが、彼女は為氏とはほぼ同年で、為氏と為相の年齢差は四一年もある。彼女は若いころ、不倫の恋に破れ、尼寺に駆け込んだりしたこともありかなり激しい気性の持主で、為家と起居を共にしてからもその許から為相のために定家相伝の重代の歌書など文書を勝手に持ち出している。ただし、定家の日記明月記の譲与については、文永一〇年（一二七三年）為相が一〇歳のとき同人に譲与する旨の文書とその案が残存しているが、その案には宛名が欠けている。しかし、その宛名は、為相が幼少であったことから阿仏を予定していたのではないかと推測されている（辻彦三郎「藤原定家明月記の研究」古川弘文館五六頁）。

阿仏の性格や素行についての非難は、「源承和歌口伝（愚管抄）」（源承）—日本歌学大系第四巻四五頁以下—や「延慶両卿訴陳状」（二条為世—日本歌学大系第四巻一二七頁以下、または群書類従巻二百九十三、七四二頁以下）を見られたい。これらは、冷泉家と対立する二条家の人々の言い分であるから、多少の割引きをしなければならないが、やはり阿仏は悪女と言っても差し支えないであろう。

ここまでであったら、為家の凄まじい遺産争いは起こらなかったであろう。しかし、阿仏は、その子為相の可愛さの余り、為家の寵を頼んでとり入り、はじめ為家が嫡男為氏に譲与する旨の譲状を書いた（正元元年・一二五九年）所領、播磨の国三木の細河の荘を為氏の不孝を理由（具体的に述べていない）に取り戻させて、改めて、これを為相に譲る旨の譲状を書かせた（文永六年・一二六九年から同一一年・一二七四年にかけて四回にわたっている）のである。しかも、はじめの取り戻しにあたっては、為氏にこれに異議がない旨をもしたためさせている。

正和二年（一三一三年）相模守平朝臣―北条熙時―の花押のある鎌倉幕府の最終の裁許状に見える「正元年中雖入道大納言家為氏卿、条々稱有不孝、悔返之、」とあるのが、そのことを言っているのである。そして、このことから永い、永いこの遺産に関する紛争がはじまるのである。

当時は、承久の乱後で地頭らの荘園の侵奪が激しかったときに当たっており、京都の公卿らは戦々兢々のあまり、きそってその防衛のため、嫡男の妻に関東の有力武士の娘を迎えることが多かった（為家の妻、宇都宮頼綱の女《むすめ》がその一例である）ので、荘園の相続問題は、公卿たちの生活上まさに死活問題であって単に面子とか、怨恨だけではなかったのである。

被相続人から相続人への財産の承継は、当時はすべて被相続人の意思に基づいてなされ、生前処分

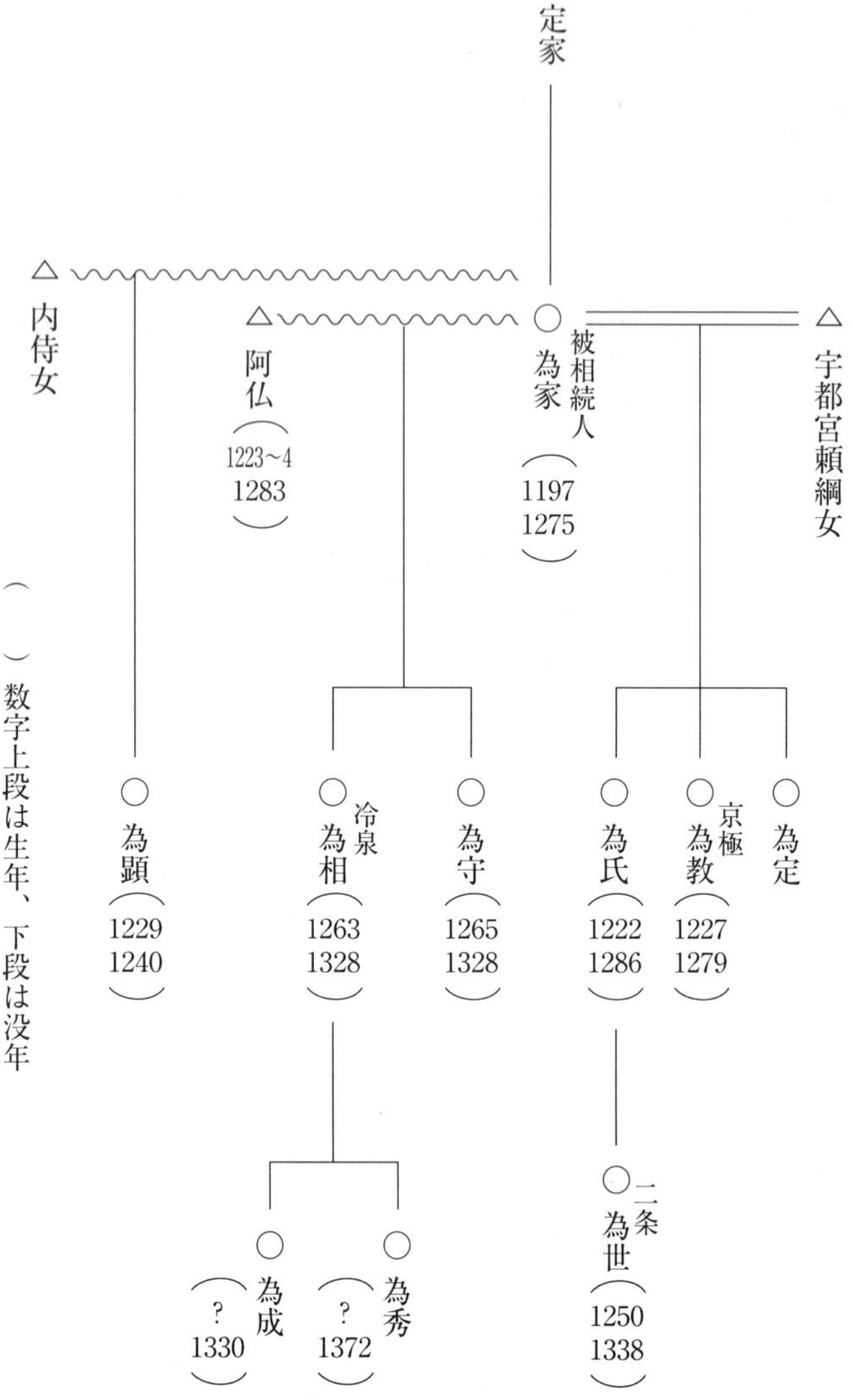
定家
内侍女
阿仏（1223〜4 1283）
為家　被相続人（1197 1275）
宇都宮頼綱女
為顕（1229 1240）
冷泉為相（1263 1328）
為守（1265 1328）
為氏（1222 1286）
京極為教（1227 1279）
為定
二条為世（1250 1338）
為成（? 1330）
為秀（? 1372）
（　）数字上段は生年、下段は没年

の譲与の他は、被相続人の死亡で効力の生じる遺言による相続分の指定が遺産相続のあり方であった（小川清太郎「鎌倉時代の遺産相続に関する二・三の形態について」ケース研究三七号）。だがしかし、為氏は、為家の譲状を無視あるいは否定して為相に細河の荘を渡そうとはしなかった。

為氏としてみれば、相論（訴訟）でも何でもやるならやってみろ、いくらでも相手になってやろう。自分は嫡子である。為相は妾の子ではないか。為家の悔返の譲状にしても謀書（偽造）の疑いがあるということであったろう。

ところで、阿仏が相続の開始（為家の死亡）から鎌倉に出発するまでおおよそ四年経ている。この間、阿仏という人物の人柄からすると手をつかねていたはずがない。あの手、この手を打ったであろう。また、一方の為氏もこれに猛然として応戦したはずである。その四年間の双方の行動と結果を想像をまじえながら追ってみる。

そのころ、いったん、親が子に譲与した所領などを改めて取り戻すことを「悔返（くいかえ）または悔還」と言ったが、これは、武家法では認めていたが、公家法では認めていなかったのである。それでまず結果からみてみると、為氏が院宣《いんぜん》により勝訴している。この院宣が下るまでの経緯や、内容の詳細は不明であるが、前記裁許状によると弘安九年六月四日に下ったものとあるので、当時は、亀山上皇の院政のときであるからその院宣と考えられる。そして、この訴訟を悔返を認めていない公家法を適用する朝廷にわざわざ阿仏側が提起するはずはなかろうから、為氏が原告であったものと考えられる。これはまた細河の庄がいわゆる領家職《りょうけしき》の荘園（三位以上の官にある者が領主となっている）であって、その裁判の管轄権は朝廷にあったからであり、為氏の勝訴の理由は、前に述べた公家法による悔返の否定であったと推定される。これよりさき、阿仏は領家職の争いでは危うしとみたのであろう、細河の庄は領家職ではなく、地頭職《ぢとうしき》の管理下にあるから武家法の適用が然《しか》るべしとして、六波羅探題に提訴し（阿仏側が原告であったことは「十六夜日記」に記された朝廷での敗訴の口悔しがり方などから推認される）、受理されている。六波羅探題がなぜこれを受理して領家職でなく地頭職として相論できることになったのか、私の知る資料では明確にならないので、以下はすべて推論ということになる。

すなわち、細河の庄は、領家・地頭の両職が競合していたからなのであるか、藤原定家が実朝の和歌の師範をしていたときに細河の庄を拝領したのだが、当時定家は三位以上ではなかったからだという理屈を立てたものであるか、あるいは、当時は、鎌倉幕府の執権政治が軌道にのり、朝廷に対するさらなる力の拡張と同時に公家法の衰退という背景もあって受理という結論に達したとも考えられる。阿仏としては、こちらの訴訟ならば、先に述べた悔返が武家法では容認されているのでかならずや勝訴への道が展《ひら》けると考えたものであろう。

なお、領家職についての訴訟が朝廷で、地頭職についての訴訟が六波羅ないしは鎌倉で別個に並行して提起され係属審理されていたことについては、福田秀一「中世和歌史の研究」角川書店　二五六頁以下に詳細であるが、二つの訴は、期間を接して提起されたものであろうか。また、二つの訴訟の目的というか、訴訟物は、細川の庄の帰属ということでひとつであると思われるのに、領家職と地頭職に問題を振り替えて紛争を複雑化することを武家裁判所が問題視した形跡がないことになお問題が残されている。

武家法御成敗式目（貞永式目）二〇項にいう。

一　得譲状後、其子先父母令死去跡事
　右其子雖令見存、至悔還者、有何妨哉、況子孫死去後者、只可任父祖之意也、
（「日本思想大系　中世政治社会の思想上」岩波書店による。）

一　譲状ヲ得ルノ後、ソノ父母ニ先立チ死去シムル跡ノ事
　右ソノ子現存セシムトイヘドモ悔イ還スニ至リテハ何ノ妨アラムヤ
　イハムヤ子孫死去ノ後ハタダ父祖ノ意ニマカスベキナリ

と定められていたのである。

しかし、六波羅探題では、訴を受理したものの、終局判決はくださなかったものと私は考えている。終局判決があったなら、本庁である鎌倉で、再度同一の事案で審理判決をするわけがないと考えるからである。もし、行ったなら六波羅探題の権威は失墜することになり、ひいては幕府機構の自己否定につながる。このことについては、福田秀一氏は前掲書で弘安二年もしくはその直前に為氏が六波羅で勝訴したと述べられ、阿仏側はこれに対しただちに鎌倉に越訴《おっそ》(上訴)して紆余曲折の結果さきの裁

許状になったとされる。つまり裁判機構について六波羅探題を鎌倉本庁の支部とはせず下級審とする考え方である。しかし、私は両者は単に土地管轄を異にする同級審的なものであったと推測するもので、その結果六波羅探題は事件を鎌倉（本庁）に回付（もしくは移送）したというのが私の考えである。つまり、この事件がすでに深刻、複雑化していること（前記裁許状の中にも「彼是所申枝葉雖多」—カレコレ申ストコロ枝葉多シトイヘドモ—と見える）、かつ、六波羅探題としては、この案件を専行審理判決すべきでない「殊ナル重事」に当たるとして本庁である鎌倉の指揮を仰いだ上で、本庁に回付（移送）することに踏切ったものであろう。

佐藤進一氏の「鎌倉幕府訴訟制度の研究」一五二頁によれば、その初期は別として幕府成立以来、漸次年月を経るにしたがい、地頭・領家間の所務相論（所領に関する民事訴訟）の激増、関東政務の繁忙による渋滞の結果、事務の大小となく六波羅から注進を受けてこれにいちいち指令を与える煩に耐え得なくなった。そこで、六波羅探題の裁判権を強化し、正元元年に「於自今以後、殊重事外不可注進、直可令尋成敗」—今ヨリ以後ニオイテハ殊ナル重事ノホカ注進スベカラズ—の指令を出している。本件の回付（移送）はもとより右の指令より早い時期であるが、佐藤進一氏も例証を挙げているように、指令以前からその趣旨はある程度行われており、しかも、訴訟当事者の一方のあるいは双方の特別の権勢を顧慮したものもあったとのことである。

なお、私は本件は当初から回付（移送）ということで考えたのであるが、六波羅探題に係属した極めて多くの事件が準備手続を完了した後に関東（鎌倉）に回付（移送）され、同所で判決が為されたことも佐藤氏の研究で明らかにされている。

さて、前記裁許状により最終的に地頭職について為世は不服申立てをしないで最終判断が確定したのであるが、そこまでに至る訴訟手続の進行は複雑をきわめ、上訴審あり、差戻審ありで結論も二転、三転していることが分かっている。また、為氏が勝訴した領家職の訴訟の経過は明らかではないが、裁許状のくだったあと約一〇〇年後の足利時代には冷泉家のものとなっている（前掲「中世和歌史の研究」による）。

ここで、群書類従巻第三三二「いさよひの日記」をひもといてみる。

まず冒頭の

むかしかべのなかよりもとめいでたりけむふみの名は。今の世の人の子は。夢ばかりも身のうへのこととはしらざりけりな。みづくきのをかのくずはかへすがへすもかきをくあとたしかなれども。かひなきものはおやのいさめなりけり。又けんわうの人をすて給はぬまつりごとにももれ。ちうしんの世を思ふなさけにもすてらるるものは。かずならぬ身ひとつなりけりとおもひしりながら。又さてしもあらで。なおこのうれへこそやるかたなくかなしけれ。

とある部分の「みづくきのをかのくずはかへすがへすもかきをくあとたしかなれども」は、「為家がくり返し書き置いた遺言書＝悔返状（重要文化財として四通が現存するという）が確かにあるのに」という意味である。そして、この文のあとの方は

「又賢王《けんわう》の人を捨て給はぬ政《まつりごと》にももれ、忠臣の世を思ふ情《なさけ》にも捨てらるるものは数《かず》ならぬ身一つなりけりと、思ひ知りなば又さてしもあらで、なほこの憂《うれ》へこそやる方《かた》なく悲しけれ。」であり、この「賢王の人を捨て給はぬ政にももれ」は、朝廷での訴訟に敗れたことを言い、「忠臣の世を思ふ情にも捨てらるる」は、六波羅探題でも訴訟が解決しなかったことを指している。そしてこのあとにつづく本文は、為家の遺言状が反古《ほご》にされていることを嘆き、子らを思う気持ちから、「さても猶あづまのかめの鏡にうつさむはくもらぬかげもやあらはるるとせめて思ひあまりて」（それでもなお、関東（幕府本庁鎌倉）に直接訴えたならば、正しい判決が下されるのではないかと思い余って）と続くのである。そして、この日記の終末近くに長歌が載せてある。その中に、

「ゆきさきかけてさまざまにかきのこされしふでのあとかへすがへすもいつはりとおもはましかば（イいふひとあらば）ことはりをただすのもりの」云々とある。

これは、訴訟で為氏側から為家の遺言状を偽筆、偽造とする主張があったことを示しており、そのことは、前記の鎌倉幕府の裁許状で為世の代理人覚妙が遺言書＝悔返状が「謀書」＝偽造文書であることをも主張したことと一致している。また、覚妙はその悔返が為家の自由意思にもとづいたものではないとも主張している。

その部分の裁許状はつぎのとおりである。

而文永両通狀事、共以爲自筆之處、覺妙問答之時、始謀書之由、雖稱之、先年兩度沙汰之時、敢以無異論之上、如今度陳狀者、或非入道民部卿自發之由載之、或不審之旨、雖號之、謀書之由、不申之、始加其難之條、不能許容、

ここで謀書＝文書偽造の罪と罰について触れておく。

当時、謀書が多発した不動産（土地）訴訟で数多く現れたので、その罪について火印を顔におすなど重い罰を科すことが、岩波文庫「足利尊氏」山路愛山著六一頁にも見えている。これはさきにみた御成敗式目一五項にあるもので、訓読文だけ掲げておく。引用は、前掲「中世政治社会の思想上」一六頁による。なお、塵芥集（伊達稙宗制定の領国法）一三四項もほぼ同旨を定めている。

謀書《ぼうしょ》の罪科の事

右、侍においては所領を没収せらるべし。所帯なくば遠流《おんる》に処すべきなり。凡下《ぼんげ》の輩は火印《かいん》をその面《おもて》に捺さるべきなり。執筆の者また与同《よどう》罪。

次ぎに論人帯ぶるところの証文をもって、謀書たるの由、多くもってこれを称す。被見《ひけん》の処、もし謀書たらばもっとも先条に任せてその科あるべし。また文書の紕繆《ひびゅう》なくば、謀略の輩に仰せて神社・仏寺の修理に付けらるべし。ただし無力の輩に至っては、その身を追放せらるべきな

り。

また、「謀書」の語は、藤原定家の日記「明月記」にも出てくる。彼は、有名な「紅旗征戎吾ガコトニ非ズ」の語を青年時代と老年期の二回残しており、世事と関《かかわ》りを持ちたくないかのような様子を見せているのであるが、どうしてどうして日記には世上の出来ごとの記事がかなり多いのである。その承元元年（一二〇七年）四月二三日の記事の後半を今川文雄「訓読明月記第二巻」河出書房新社二八八頁から引用する。

頭弁、公覚法師謀書の証文等、義成の許より召し取り、御教書を加へて之を送る。件の法師、只謀書横謀を以て其の業となし、僅に得る所有れば幸となす。禁囚さるるも又痛まず。使庁に在りて食物を得、日送るを憂ひとなさず。還りて、延尉の煩ひ有りと云々。仍て、其の身に於ては、只追放さるべき由、予先日申し請ふ所なり。

大意は、頭弁《とうのべん》（官職）は、公覚法師が偽造した証文などを義成から押収して御教書《みぎょうしょ》（上司の意思を伝える文書）を加えて送付した。この法師は、ただ文書の偽造や横謀（詐欺）で飯を食っている男で、少しの収入でよしとしている。また、その罪で勾留され収監されてもそこでは食物を支給されるのだから生きてゆける。こういう奴は、かえって役人の迷惑になるだけだから追放するにしくはないと上申したところである。と。

　現在でも刑務所から出所後、社会で働くのがイヤで、わざと飲食店で無銭飲食して再び刑務所に収監されることを志願する者がいるが、当時から似た輩《やから》のいたことが知られるのである。

　さて、阿仏としては為氏に対する怨念を胸に幼い二人（といっても十七歳と十五歳になっている）のため、その子らを残して鎌倉に向ったのであるが、訴訟の決着をみないままやがて鎌倉で亡くなる（京都に帰って死亡したとの説もある）そうして一方の当事者為氏はそれより三年遅れてやはり鎌倉で六五歳の生涯を閉じ、為相もまた後年遅れて鎌倉で死亡したと言われている。為氏も為相も本件の訴訟に関連しての鎌倉滞在中の死であろうか。為相の墓とされるものが鎌倉の浄光明寺にある。

　被相続人為家の相続開始からようやく為相勝訴の前記鎌倉の裁許状がくだるまで実に延々三九年に及ぶ遺産紛争の継続であった。この間、為氏が死亡したのでその訴訟手続を嫡男の為世が受継しているし、裁許状がくだったとき為相は五一歳に達していた。彼等の訴訟代理人は、為世については同家雑掌僧覚妙、為相の訴訟代理人は同じくその雑掌尚弘である。この遺産争訟が長びいた理由は、今まで述べたように事件そのもののむつかしさ、当事者間の感情の対立の深さもあったのであるが、なんといっても当時は、わが国は、国の存亡をかけた第二次蒙古襲来（弘安四年）の危機と、その戦後処理（戦費負担の問題、恩賞の問題）や加うるに裁判官僚の怠慢もあって長期にわたる政局の混乱で、幕府の裁判当局もおそらく、この訴訟どころではなかったことも事実であろう。そのことは、太平洋戦争下でのわが国の裁判事情からでも窺い知ることができる（「続司法沿革史」昭和三八年三月法務大臣官房私法法制調査部」）。

為家には、この遺産紛争に登場した子のほかに、源承（さきに若干触れた）、慶融、隆俊の三人の男子があり、また女の子もいた。現在の遺産分割事件では、もちろん男子、女子、嫡出子、非嫡子を問わず相続人となる（もっとも非嫡の子は、現在でも法定相続分は嫡出の子の二分の一である）ので、当時もそのような法制下であったなら、相続人入り乱れての紛争であったと思われる。

いずれにせよ、この紛争が原因となって、為氏の子為世が二条家、為相が冷泉家、為教が京極家のそれぞれの祖となって、藤原道長の六子長家《ながいえ》以来、俊成、定家、為家と永く続いてきた御子左家《みこひだりけ》が三家に分立したのである。

付言すると、冷泉為相もまた悔返状を書いている。当初長男為成あてであった播磨国越部下ノ庄の譲状を、嘉暦三年（一三二八年）七月一三日に次男為秀（のち冷泉家二代目当主となる）あてに悔返状（国の重要文化財として現存）を書いているのである。これは長男為成が為相の死後二年で早逝しているので、それを予知してのことと思われるが、為相はその悔返状を書いた五日後に死亡している。本文の書体は能を仔細に見ると、為相の自筆と思われる花押は病いのためであろう乱れ切っている。悔返状は能筆で明らかに他筆である。現行のわが民法は、自筆の遺言状は全文自筆でなければならないとされているから、それからすればこの悔返状は明らかに無効ということになる。

細河庄をめぐる訴訟経過一覧表

管轄機関	審決年次	原告又は上訴者	審決結果
朝　廷（領家職関係）	弘安九年（一二八六年）ただし、建治二年ころ、すでに為氏に有利の沙汰があったはずである。	為氏か。	為氏勝訴 ただし、為相の上訴の結果であろうか、のちには冷泉家の所有に帰している。
幕　府（地頭職関係）	建治三年〜弘安二年ころ〔一二七七年〜一二七九年ころ〕	為相（阿仏）か。	六波羅から鎌倉に移送か（一説には、弘安二年に為相が六波羅で敗訴とするが、その六波羅裁許状は不明）。
	正応二年（一二八九年）	為相か。なお、為氏側は同人死亡により、為世が受継している。	為相勝訴
	正応四年（一二九一年）	為世	為世勝訴

正和二年（一三一三年）	為相（代理人尚弘）なお、為世の代理人は覚妙	為相勝訴

なお、土地の所有権に関する紛争について鎌倉幕府から室町幕府にかけて、民事訴訟制度上、判決に該当する裁許状のほか、現代の「裁判上の和解」あるいは民事・家事の調停に相当する「和与」と称する形式で結着を図ることも数多く行われていたことが平山行三「和与の研究」吉川弘文館によって詳細が明らかにされている。

以上、この項に引用した鎌倉幕府の裁許状は、瀬野精一郎編「増訂鎌倉幕府裁許状集上関東裁許状篇」（吉川弘文館）三三八頁以下によった。

六　椿葉記

十六夜日記を通してみた為氏・為世対阿仏・為相の紛争の後、間もなく相続を神籤《みくじ》できめた特殊な例が「椿葉記《ちんようき》」に見える。「椿葉記」は、伏見宮貞成《さだふさ》親王（後崇光院）が、一四三二年に後花園天皇に奏上した一巻本で、内容は、久しく皇位から離れていた持明院統（北朝側）の再興を祝い、自《みずか》らの太上天皇宣下を願い、ついで学芸の大切さや譜代奉公のことなどを述べたものである。

この相続を神籤できめられた主人公は、のち、嘉吉《かきつ》の乱と呼ばれる事件で暗殺された将軍足利義教《よしのり》である。義教は、室町幕府三代将軍義満の子で四代義持の同母弟で、はじめ義円と称して天台座主であったが、義持の死後、六代将軍となるときにこの神籤の話がでるのである。足利家は八幡太郎源義家を祖とするところから、八幡神宮を氏神とするので、その神籤で義教は選ばれた。

群書類従本帝王の部の原文はつぎのとおりである。

あくるとし正月十八日内府薨じ給ぬ。(勝定院と稱号申。)思ひよらずいとあさまし。いまは御子もなければ御相続の事いかがとさたあり。管領畠山諸大名評定して。勝定院の御連枝の中をば八幡の宝前にて御籤をとりけるに。青蓮院門主《義円》(勝定院舎弟。)御籤におりけるとなん、将軍《義教》になしたてまつりぬ。御果報のふしぎさも神りょにてあれば、めでたき世のためしにてましますなり。やがてしだいの御せうしんありて室町殿と申す。いつしか人もおぢおそれたてまつりて御威勢おもければ。天下もおさまり海内もしづかなり。

大意は、翌年一月一八日に内大臣が亡くなられた。思いもよらぬこととて大変な驚きである。御子もないので御相続をどうしようかということになり、管領の畠山や諸大名が評定して勝定院の御兄弟の中から八幡宮のお広前で神籤を取ったところ、青連院門主である義円に下ったということで将軍に奉戴した。このお幸《しあわ》せの不思議も神のおはからいであるからめでたいこの世のひとつの例である。この方《かた》は、次々と御昇進になってやがて室町殿と申され、いつの間《ま》にか人も恐懼《きょうく》し、御威勢もゆき渡って天下も治まり世の中も静かである。
というのである。

右の文中、勝定院というのは、足利三代将軍義満の長男の四代将軍義持である。義持ははじめ、その子義量《よしかず》に五代将軍に当たる将軍職を譲ったが、同人は大酒飲みで酒宴などにうつつを抜かしてばかりいたため、就任二年足らずして一七歳の若さで病いで死亡した。父の義持もその後嗣を定めることなく、その後三年ほどしてこの世を去った。「椿葉記」の記事は、そのときのものであるが、その裏面には、これをチャンスとばかりに将軍職をねらった鎌倉公方《くぼう》である足利持氏をはじめ、足利宗家の家督相続をめぐる熾烈《しれつ》な対立抗争が隠されており、この神籤も、当時流行《はやり》であった籤に仮託して、これを利用して仕組まれたものであったと考えるのが至当であると思われる。

なお、この話は、喜多村筠庭《いんてい》（一七八三―一八五六）の嬉遊笑覧巻八（日本随筆大成別巻３三四七頁）にも「南朝紀伝正長元年正月畠山満家石清水に詣で、御籤を取《り》て将家の家督を定めし事あり」と紹介している。これによって、四代将軍義持の死後早々に家督が決定したことと、御籤を引いたのは、時の管領であり、実力者であった畠山満家であったことが知られるのである。

七　徒然草
――西郷南洲遺訓――

さて、ここで中世以前の随筆で枕草子とともに屈指の名品である吉田兼好（一二八三？―一三五二年以降）の「徒然草」（成立年次不明）は、どのように遺産というもの、そしてこれをめぐる争いを看《み》ていたのであろうか。

話は転ずる。なんという偶然であろうか。すぐ前に見た「十六夜日記」とこの「徒然草」は、人と人との線でつながっていたとは驚きである。

兼好は、細河の庄の争いの一方の当事者、為氏の嫡子であり、訴訟の受継者となった二条為世の歌門で、その四天王の一人に数えられていたのである。当時の歌壇の主流派のトップである為世から古今伝授（歌道の伝授形式のうちもっとも重い古今集の伝授）も受けており、二条良基の「近来風体」などでも当時の有名歌人である頓阿、慶運と並べてほめ上げている。もっとも「近来風体」では、「兼好はこの中にちとおとりたるやうに人々も存ぜしやらん。されども人の口にある歌どもおほく侍べるなり」ともいっているからかならずしも手放しではない。

余談はさておき、徒然草第一四〇段にいう。

身死して財《たから》残る事は　智者のせざる所なり　よからぬ物たくはへ置きたるもつたなく　よき物は心をとめけんと、はかなし　こちたく多かる、まして口をし　われこそ得めなどいふものどもありてあとに争ひたる　様《さま》あし。後はたれにと心ざす物あらば、生けらんうちにぞ譲るべき。朝夕なくてかなはざらん物こそあらめ、そのほかは、何も持たでぞあらまほしき。

おおよその意味は、

財産を残して死ぬということは、人間を知っている者ならやらない。残したものがくだらなければ、呆れられ、良い物なら心残りで死んだろう。など思われ、はかないことだ。あれこれ品々が多く残っているなどは苦々しい限りで、しかも、自分は、これだ、私はこちらを貰うなど言う者たちが現れて、死後の紛争が行われるのは見苦しいことではないか。死後のことはちゃんと考えて生きているうちに処置しておくべきなのだ。シンプル・イズ・ベスト。どうしても必要なものだけで生活すべきで、余計なものは持たないこと。

というようなものであろう。

彼、兼好の言っていることは、全趣旨からすると、「財《たから》」というのは、動産（財貨）を言っていると思うが、もちろん不動産(土地、家屋)についても同じ考えであったであろう。「物」、「物」、「金」、「金」の世界にのみこだわり、浸る者を「つたなし」、「はかなし」、「口をし」、「様《さま》あし」と痛烈に批判している。兼好の人生観、価値観からしてこの段は、当然の帰結を述べたまでで、ある人が解して、彼が出家生活をしていたからこのように述べているのだというのはまことに皮相な考え方であり、兼好に対する侮蔑と言うべきである。

それよりも、兼好は、為世と為相の細河の庄をめぐる訴訟を知らなかったはずはなく、まさに、眼前に繰り広げられているみにくい肉親間の争いを冷徹にみていたことであろう。そして「様《さま》あし」とつぶやいたのではなかったか。

西郷南洲もまた、七言絶句に「失題」として、

幾歴辛酸志始堅
丈夫玉砕愧甎全
一家遺事人知否
不為児孫買美田

　幾たびか辛酸を歴て志始めて堅し
　丈夫玉砕甎全を愧づ
　一家の遺事人知るや否や
　児孫の為に美田を買はず

と、その気概を詠んだ（山田済斎編「西郷南洲遺訓」岩波文庫）が、ここには、兼好と通ずる「清貧の思想」（中野孝次氏）が脈々と流れている。そして「西郷南洲遺訓」の編者山田済斎もまたこの絶句に感銘して、

不為児孫買美田
平生心事豈慚天
一杯土納英雄骨
老樹空山啼杜鵑

児孫の為に美田を買はず
平生の心事あに天に慚《ハヂ》ん
一杯の土は納《ヲサ》む英雄の骨
老樹空山杜鵑啼く

と唱和しているのも清々しい。

八　リヤ王

シェークスピア（一五六四年―一六一六年）は日本でいうと、織田、豊臣時代から徳川時代のはじめのころを生きた人で、この「リヤ王」は、一六〇六年の作品とされるから、彼の四二歳のころのもの

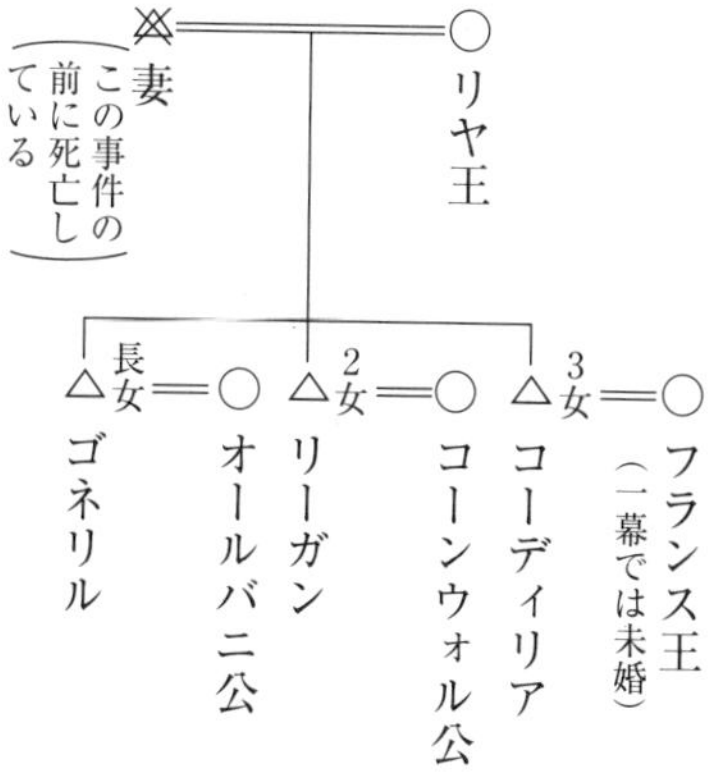

ということになる。

この作品もよく知られているのであるが、復習の意味もかねて、まずその相続関係図を作った上で、この作品のなかの相続問題に限定して話をすすめることにする（科白《せりふ》はすべて斎藤勇訳世界古典文学全集41「リア王」筑摩書房による）。

この戯曲を要約すると、家督を長女ゴネリルと二女リーガンの巧言によってそれぞれの聟に譲与し、三女コーデリヤの素直な言葉を拒否したリヤ王がたちまち長女と二女に裏切られ、冷遇され狂乱状態に陥入ってしまう。しかし、最後は、その狂乱のなかにも八十歳を超えたリヤ王が、「お前にはなぜ息がなくなった。お前はもう帰って来ない、いつまでも、いつまでもだ。どうかこのボタンを外してくれ。ありがとう。これをご覧か。あれの顔をみて、……唇を……見て。そこを……そこを。」と、目の前で殺されたコーデリアの上に真実のひとつの姿を見つめながらこの世を去ってゆく悲劇である。

この戯曲の最初のリア王の発言からはじめよう。
リア　その間に、今までは言い切らずにおいた目論見《もくろみ》を話そう。
そこの地図をくれ。このとおり、王国はすでに三分してある。
自分の固い決心としては、政治上の面倒な心づかいを
ことごとく老人の肩から振りはらって、
年若くそして逞《たくま》しい人たちにゆだね、
自分の荷をおろして死出の旅へと匐《は》い出すつもりだ。
コーンウォルの婿殿、また同様に気に入ったオールバニの婿殿、
今日自分は、娘たちめいめいの嫁入持参のものを発表する覚悟でいます。
そうすれば後日諍《あらそ》いの生ずるのを防ぐことになるでしょう。
フランス王及びバーガンディ公は、末の娘の
愛情を競い求めて、この宮廷に
求婚の長逗留《ながとうりゅう》をなされたが、
きょうは返事がある筈になっています。
さて娘たち、これから父は支配権も
領土所有権も、行政管理権もみな譲るのであるが、

御身たちのうち誰がいちばん孝養をつくす気か。
親の愛情をふかく受け子としての心掛けが立派な者には、
分に応じて最大のゆずり物をしたいのだ。
ゴネリルは長女だ、まず第一に言ってご覧。

「そこの地図をくれ。このとおり、王国はすでに三分してある。」というのは、すでにリア王は、地図上に現物分割の線引きをして登場しているのである。これは今いうとことの生前贈与ということができる。「そうすれば後日諍《あらそ》いの生ずるのを防ぐことになるでしょう」というのは、リア王は、自分の死後の遺産に関する娘たちの紛争を予知し、生前贈与を決意したことを暗に言っている。また、「これから父は支配権も領土所有権も、行政管理権もみな譲るのであるが」と言っているのは、わが国の隠居に類似した考え方である。

旧民法では、満六〇歳以上の高齢者は、家督相続人の承認で隠居することができた。その主な効力は、戸主権の喪失と、これに伴ってその家督相続人は隠居者の一切の権利義務を承継する（ただし、隠居者は、その財産のうち、家督相続人の遺留分―家督相続人が直系卑属のときは二分の一―を侵害しない範囲で留保できた）というものである。

江戸時代における隠居について、中田薫博士は、「徳川時代の文学に見えたる私法」において、「隠居は生前において家名と家督（家産）とを相続人に譲渡すの行為なり（中略）隠居は家産中より隠居分として多少の財産を留保することを得べし（中略）あるいは別に財産を留保せず当主より多少の仕送金を受くることあり。」と説かれているところからすると、旧民法が江戸時代の隠居制度をおおむね引き継いでいることが分かる。しかし、隠居をすることのできる年齢については、旧民法では、満六〇歳以上としているが、中田博士は、「徳川時代平民階級に行われたる隠居には法定の適齢なし」として、西鶴の「本朝二十不孝」巻之四（枕に残す筆の先の段）の「都には今四十の内外を問はず、法体して楽隠居をする事、専らに流行《はや》りぬ」などの記事を例証として挙げておられる。

さて、リヤ王は、そのあと三人の娘とやりとりをしたのち、

リア　（中略）

バーガンディ公を呼べ。コーンウォル、オールバニ両公、
二人の娘に遣わした領地にこの三番目のを合併しなさい。
あれは高慢——率直とあれが呼んでいるものを結納《ゆいのう》にするがよい。
両公には、権力も、最高の位も、また国王の
身辺をかざるさまざまなものをことごとく
双方に呈上します。ただし百人の騎士を
両公の扶持《ふち》がかかえ、自分は月々、
その百騎を率いて、順番に両家の邸内で

暮すこととします。もっとも国王たる名目や
資格だけはなお保留しておき、
統率、収入、その他の執行権は
愛婿《あいせい》たる両公に譲ります。その証拠としては
この冠をゆずって、代る代る両公に用いてもらおう。

と言っているが、このなかの「ただし百人の騎士を両公の扶持がかかえ、……もっとも国王たる名目や資格だけはなお保留しておき、……愛婿《あいせい》たる両公に譲ります。」の「保留しておき」はわが旧民法の財産留保の考え方にやや近いが、この程度の留保ではリヤ王では不十分であったのである。やはり領土の一部は、自らのために留保すべきであった。

現代の遺産争いの調停でも財産留保について似たようなことが現れる。わが国の老齢化が進むなかで、極めて重要なことなので少しく考えてみたい。

被相続人の高齢配偶者を含む相続人間の遺産分割の話合いの中でこの問題が表面化する。具体的に言うと、相続人中の長男が、その母（被相続人の妻）との同居、将来にわたっての扶養を条件に、遺産の大部分である土地・建物を単独で取得したいと主張し、その母を含めた他の相続人ら（弟や姉妹）は僅かな遺産の取得でもよいと言っているとき、その方法で家庭裁判所が調停をまとめてもよいかということなのである。

答はNoであるべきである。家庭裁判所には後見的機能を果す義務がある。すなわち、相続人である高齢配偶者をリヤ王の立場に追い込んではならない。リヤ王のような悲劇はいつでも起り得るし、また、われわれもよく見聞するところである。右の例で見れば、明日にでも長男が交通事故で死亡し、その妻（母からみれば嫁）が孫たちを連れ去ってゆくかも知れない（そのとき母である高齢配偶者には長男について長男の妻やその子が相続放棄をしない限りその相続権はないから悲惨である）。また、長男が、母と妻との不和から同居をやめて、扶養を放棄するかも知れない不安を抱えることになる。さらには、母の方が明日にでも死去すると、弟や姉、妹から長男が遺産を取り過ぎたと言って騒ぎ出すのは目に見えている。逆に、得た遺産より母が長く生きているなどと言い出す長男も現実にいるのである。このように、当事者らが全員合意したとしても、ここまで考えての合意かどうかははっきりしない。そこは確認すべきであろうし、将来にわたり不確定要素が多過ぎる。だから、あとでこんな筈ではなかったということにならないよう、家庭裁判所は、後見的機能を発動し、高齢配偶者の今後の生活を確保するという意味で、長男が同居し扶養すると約束して相続人全員の合意があったとしても、その母が肩身の狭い思いをしないで生きてゆくということからも「相当の財産」を相続させておくべきである。ここで「相当の財産」というのは、私見からすると、高齢配偶者の法定相続分二分の一の半分、つまり遺留分相当の四分の一以上が相当と思われる。

判例は、将来の母の扶養を条件に自らの具体的相続分を増加させた者がのちにその扶養をやめたとしても、その家裁の調停について、母をはじめとする他の相続人は、長男の債務不履行を理由にその調停できまった合意は、全員が承知しなければ解除できないとの判断を示していることに留意しなければならない。

なお、江戸初期においては新田開発が増加したので一部農村において、「別家隠居」という特殊な隠居形態が知られている。これは分家の形のひとつとみられ、農家を長子にゆずった父が分家を創立するのである。そのとき長子の家族以外の子女、とくに長子以外の男子を連れて出る。その場合、家産である農地を分割して隠居分を確保し携帯して出る。その隠居分を、連れて出て同居している男子らに分割して分家させるのである。この分家方式は、生前贈与を伴うと同時に被相続人の楽隠居を目的とせず、長子以外の男子にも独立の可能性を与えることを目的としたものということができよう。これを目的とした理由は、本家分家の互助協力による家の永続と村落内の地位の強化にあったと説かれている（大竹秀男「封建社会の農民家族」（創文社）一五九頁以下）。

なお、さにきあげたリヤ王の財産の生前贈与の二つの科白《せりふ》の間に、リヤ王はコーディーリアの発言に激怒して、こうも言っている。

コーディーリア　こんなに若いので、本当を申します。

リア　勝手にするがよい。お前の本当とかを持参金にせい。

日の神の神々しいご威光にちかい、

暗《よみ》の女神の闇夜《やみよ》の密儀にちかい、
われわれに生を授けまた奪う
もろもろの天体のあらゆる作用にちかって、
親たる心づかいも、血縁のつづきや
つながりも、ここに、一切断絶を宣言し、
かつ今から永劫《えいごう》わしの身にも心にも
お前を赤の他人と思うぞ。シジアの野蛮人や、
食欲を満たすためには肉親を
食い物にする奴をも、今までは娘であったお前に比べれば、
心にかなう隣人ともなし、気の毒にも思い、
そして助けてやることになるだろう。

これはまさにコーディーリアに勘当を言い渡したのである。江戸時代まで制度として存在した勘当については、このあと、一〇　江戸の川柳の項で詳細にみることにする。

九　本朝櫻陰比事《おういんひじ》

町民出身の作家で独得の人生哲学を持ち、晩年には色と金で動く江戸の人々の生きざまを活写した

井原西鶴（一六四二年―一六九三年）の目には当時の相続争いがどのように映じていたのであろうか。その作品の中から「本朝櫻陰比事」を取り上げてみたい。

「本朝櫻陰比事」は、全四四話からなる短編で構成され元禄二年に刊行された。本書の題名は、さきにあげた桂萬榮の「棠陰比事」に基づくもので、わが国の裁判話が内容となっている。本書冒頭に「夫《それ》、大唐の花は、甘棠の陰に、召伯遊んで詩をうたへり。和朝の花は、桜の木かげゆたかに歌を吟じ、」云々とあるが、それは、本書成立の経緯を明らかにしたものである。

暉峻康隆氏は、本書を文学として現代の批判にたえうるような作品でない趣旨の論評をしている（「西鶴―評論と研究―」下）が、それはもちろん文芸上の評価であって、見方の角度がまったく違う私から見れば異論がある。この「本朝櫻陰比事」の中にも人間の奥深いものが見えてくるのである。作品の中から二題現代風に要約して取上げる。

1　巻一の七「命は九分目の酒」

昔、自分が発明した十分盃という器で朝、晩大酒を飲み続けたあげく長わずらいで死んだ細工師があった。あとに残されたのは、その妻と十八歳と十五歳の子である。さて、百ヵ日の忌があけて、町内の人々が立ち合って調べたが、遺言書は見付からなかった。そこで人々は不動産（土地、建物）、現金、家財道具の遺産目録を作って、世間の習慣に従い、「兄が六割、弟は四割の割合で分けること。母には二人で孝行しなさい。」と申し渡した（「町内の人々」というのは、町役人と五人組の人々のことであろう。「本朝櫻陰比事」にはしばしば現われる）。しかし、弟は承服しない。「遺産はすべて二分の一ずつに分けるべきだ。」と言う。町内の人々は、「それでは兄と弟の区別がつかない。兄に生まれた甲斐がないではないか。」などといろいろ仲裁を試みたが聞き入れないので、裁判所の判断を求めることとなった。

裁判官は、双方（兄、弟のほか、町内の人々も出頭している。）の陳述のあと、弟に向って、「町内の人々の言うことが筋が通っているようだが、お前の主張になにか特別の理由でもあるのか。」と尋ねた。弟は、これに次のように答えた。

「私は、二男ということになっていますが、理屈の上では長男であると思います。なぜならば、兄は、母が家の下女時代、つまり、父との婚姻前に父との間に生まれた子です。私は、母が父と正式に婚姻してから生まれました。だから、私が父の跡目を継ぐのは当然のことではないでしょうか。このようなことは、お武家さま方の先例では沢山あるのではございませんか。」と（十五、六歳の少年としては、これはなかなかの論法である。相当の応援団がいたと思われる）。だが、裁判官は一枚上だ。「なるほど、それも一理ある。けれども、その不動産は、母が正式に婚姻したときすでに、亡父の財産であったのか。」と尋ねている。これに町内の人々は、異口同音に「それは夫婦が正式に婚姻する前から亡父のものでした。」と申し上げた。

そこで裁判官は、
「遺産は、不動産を除きすべて等分に分割する。家名は、長男が継ぐこと。また、長男は今後遺産である家屋で母を扶養すること。」
と言渡した。

この言渡の要旨では、不動産の取得者が明確ではないが、等分に分割すべき遺産については、原文では、「諸色（しょしき）」とある、「諸色」とは、「大言海」、「江戸語の辞典」など種々の辞書によると、「諸物、諸品、諸道具」だけを意味して不動産を含んでいないことと、長男に、遺産である家屋に母の扶養を命じているところから、長男に取得させたものと考えられる（母には相続権はないし、他に相続人はいない）。

なお、この話では、当時は夫に先立たれた妻の扶養については遺産の取得者の一人が行うことが当然であったような書きっぷりになっている。また、弟の論旨は、武家法をもって一般庶民に適用させようとしているところが問題であろうが、紹介されている裁判要旨は、その点には直接触れていない。

あとで「勘当」のところにも出るが、この話にも出てくる五人組に少し触れておこう。

五人組というのは、古い中国の「保」という制度にならって、わが国の律令制で定めた隣保組織で近隣五戸で一組として納税や防犯などの連帯責任を負わせたのが原型となったとされる。

新撰和歌六帖（藤原為家ら五人の合同歌集で一二四四年ころの成立）に「となり」の題の下に

里人の軒をならべて住む宿はいつつまでこそ隣《となり》なりけれ

とある（ただし「いっつ」＝五《いつ》つが「いづく」と誤記されている。国歌大観番号八〇六番）のが五人組を言ったものと思われる。五人組は一旦は姿を消していたかに見えたが、慶長二年、秀吉のときに復活し、徳川時代に主に農村で活用され続けた。三田村鳶魚氏によると、江戸や、地方の城下町などの都市部では、農村のようなはっきりした五人組制度は行われていなく、名主のもとで地主の使用人である家主（大家）が町役人として町務に参与していたという（中公文庫「鳶魚江戸文庫36」一三〇頁）。これは幕府や領主の指示が都市部では、迅速に伝達できたからである。

一般に五人組という組織は、家並で構成するので四軒から多いもので一〇軒構成というものもあり、その長は、組頭、軒頭などと呼ばれ、名主からの通知の伝達、五人組帳の保管等の仕事に当たった。なお、徳川家光時代の寛永期前半（一六一〇年台以降）に組織が一〇人組から五人組に切り替った藩が多いとされる。だが、その切り替った理由がひどすぎる。「咎人《トガニン》之有《コレア》ル刻《トキ》ハ人余多《アマタ》損ジ候儀、迷惑ニ候条」と佐賀藩主鍋島勝茂（一五八〇—一六五七）の書状に見える。キリシタンの連座で処刑者が多く出ていたことによるとはいえ、連帯責任を負わせて処刑する農民の数が多いと藩経済の基礎である貢租が減じ、夫役も十分に課せなくなるからというのである。

この制度が、徳川時代に定着したのは、当初、キリシタンの発見と、大坂の役後増加した浪人者の取締りが主目的で制度化されたものだからであろう。そしてそれは、一般の犯罪についての連座制（連帯責任）がこれに組み込まれたのは当然のこととして、他方、民事にあっては、婚姻、養子縁組とその離縁、相続、遺言（立会加判）、癈嫡勘当（立会）、旅行届出などに関与したのである（五人組の詳細は、穂積重遠「徳川庶民生活法典」―法学協会雑誌昭和一八年一・二号を見よ）。

次に話がもとに戻るがこの話で触れなければならないのは、次男の理屈である。町役人らの考え方のなかには、実は現在の民法の「準正」という理論が含まれているのである。「準正」は、民法七八九条一項が定めているものである。

「父が認知した子は、その父母の婚姻によって嫡出子たる身分を取得する。」

つまり、この考え方によって、長男は非嫡の子であったが、その後両親は婚姻したのであるから―準正―によって嫡出子の身分を得て長男となった。したがって遺産は、あらためて長男になった兄が六割を取得し、弟は四割の割合で分けるべきだというのが町内の人々の理屈である。

だが、二男は、ここで武家法を持ち出した。嫡妻を失ったあと、側室側とのお家騒動防止の理由から側室を嫡妻とはしない大名をはじめとする武家の不文律の適用を二男は自らの上に求めたのである。それに対する裁判官の答の「それも一理ある」に、右の不文律がにじんでいる。しかし裁判官は直接には二男の主張に答えることなく、動産を折半し、不動産と家名を長男に継がせたのである。

たた。

2　巻四の五「何れも京の妾女《てかけ》四人」

昔、都に大金持ちの町人がいた。妻が死んだので後妻を迎え、先妻との間の十四歳の男の子を本宅で後見をつけて、仕事は手代らにまかせ、自分は、四人の妾をそれぞれの家に囲ってそこをぐるぐる泊まり歩いて大酒を飲んで遊び回った。そうして男盛りに死んだのだが、この男、遺言状を残していた。

忌があけて、みんな（当時の慣行で、遺族、親族のほか町の年寄（町役人）や五人組なども いたと思われる）が立会って開いてみると、その内容は意外なものであった。

「まず、後妻との間には子供がいないから、後妻は、自分が隠居後のためにと造っている屋敷に移らせ（その土地、建物を相続させる趣旨ではなく、単に住居を保証した趣旨か）、後妻とその召使ら一〇人くらいは暮らせるだけの金を本宅（「本宅」にだれが住むのかはあとでわかる）から送り続けること。また、銀千枚を相続させる。次に四人の妾に一人ずつ自分の娘がいるので、十二歳の娘には、銀百貫に場所のよい土地とその地上の建物、十一歳の娘には、銀八十貫と角地の土地及びその地上の建物を相続させる。十歳の娘には、銀五十貫と土地及びその地上の建物を相続させる。八歳の娘には、釜の下の灰に至るまで残りの遺産の全てを相続させる。また、先妻との間の十四歳の男の子には、銀二百貫と別の土地及びその地上の建物を相続させる。」とあった。（「釜の下の灰まで相続させる」という趣旨は、「家督」すなわち、当時の町民階級の「家名」と「家産」のことを言うので、本文の意味するところは、被相続人の本宅の土地、建物及びそこで営んでいた事業をすべて承継させるということなのである）。

八歳の娘の親族は、当然、この遺言どおりの執行を迫ったが、一族や手代たちは承知せず、「惣領の男の子がいるのに、道にはずれた遺言だ。」と訴訟に持ち込んだ。

訴訟で裁判官は、関係人や町の人々（やはり町役人と五人組）を呼び出し、「この遺言は、被相続人が心神のはっきりしない状態のときになされたもので無効であるから、町内の者、親族、手代はもとよりそのほか、都の内より良識のある者も入れてみんなで二〇日以内に公平な分割案を作成してくるように」という指示をした。

この結果、出来上がって提出された案は、
（一）　男の子には、十二歳、十一歳、十歳の娘に与える次項の分を除いてすべての不動産を取得させ、事業を継がせる。
（二）　十二歳、十一歳、十歳の三人の娘には、遺言通りの遺産を取得させる。
（三）　八歳の娘には、男の子が被相続人から生前贈与されていた財産を全部引き渡して与える。それは、この娘の分としては多すぎるかもしれないが、この娘をふびんに思っている遺言の趣旨からこの案を作った（これから判断すると、男の子にはかなりの生前贈与があったようである）ものである。
（四）　後妻は、本宅で生活させ、男の子には後見をつけることとする。
というものであった。

これについて実は、裁判官の方でも判決草案はできていたのであって、その草案と、民間の調停案とを符合しても少しも違いがなかったので「皆々」（この「皆々」は誰をいうのであろうか、原文にいう「御扮《さば》きの御書付」（判決草案）を誰が読むことができたのか、このあたりの表現は当時はまだいい加減であって、西鶴の文はこれでも通じていたと言える）は感服した。裁判官は、「では、調停案―判決草案―のとおりにしてその家が立ちゆくようにいたせ」と言渡しをされたということだ。

さて、この話にもいくつか注目すべきことが含まれている。

まず、現代の調停委員ともおぼしい者が出てくる。本文では、「良識のある者」と表現しておいたが、原文で「案者」とあるのがそうで、民間の良識を調停案の作成面で活用しているのは、このように江戸初期の段階ですでに見られるのである。

次に、裁判官は遺産分割に当たって、腹案を持ちながら審判に調停を前置させていることが注目される。その時代の条理にかなう解決を最初に試みるということは、裁判制度全体が国民の信頼を得る上でいかに大切かということを示している。

また、この話では、遺言が無効とされても、その遺言と、調停案とを比べてみると、調停案は、跡を継がせることを八歳の娘から十四歳の男の子に変更した以外は、できるだけ被相続人の意思を尊重しようとしていることがよくわかる。現在の調停の実際の例でも形式上、無効と思われる遺言がしばしば提出されるのであるが、調停を進めるについて十分に参考にすべきことであろう。

一〇　絵本百物語・耳袋
——兎園小説・半日閑話・甲子夜話続篇——

柳田國男の「妖怪談義」（講談社学術文庫、一五頁以下）によると、幽霊は出る相手と出る時刻が丑満のころときまっており、化け物は出る場所が特定しているとして幽霊と化け物とを区別している。もちろん、幽霊と化け物であるから区別のあいまいなところもあろうが、そのいくつかを挙げる横道から入って本題に入ることにしよう。

とりあえず滝沢馬琴の幽霊からいこう。「兎園小説拾遺第二」に出てくる母親の幽霊は、相手はその娘ということでほかの者には出ない（日本随筆大成第2期5一三七頁）。

○豆腐屋市五郎孤女たか奇談

文政十三寅年四月、

芝土器町瑠璃光寺檀家　元京橋善助子分　豆腐屋

先年死去、　市　五　郎

文政九戌六月六日死去、法名味艶禅門、　同　人　妻

同人娘　た　か　寅十三歳

両親引続、右之不仕合故、無二余儀一何者の世話にや。深川売女屋へ九才より廿七才迄の約束にて、金四両二分に売遣候処、当春より座敷へも差出候。其頃より右亡母、毎夜、娘を撫さすり、頻りに不便に存る体、其主人を始見受候て、当人は勿論、主人も甚不審に存、気味わるく相成、証文を相渡暇遣候由にて、右瑠璃光寺へ参り、最男二人女二人附添、段々之次第申述、回向相頼候に付、不便に存、折節、江湖にて出家多く集り居候故、格別の経文読誦、四月四日法事執行致し、右の証文は、亡母墓所へ納め候。其後は出現不レ致由、和尚直話也。

但売女屋の家名、隠し呉候様頼候由にて、和尚咄し不レ申由、実説に御座候。

大意は、「たか」という娘が九歳のころ両親が相次いで死亡し、深川の売春宿に売渡されたが、一三歳になったので客をとらせることになった。そうすると、毎晩母親の亡霊がその娘にあらわれて不憫がって愛撫する。そのさまを主人がみて、売春契約書を娘に返してやって勤めをやめさせ、亡母の供養もし、その契約書を亡母の墓に納めたところ、その幽霊は出なくなった。というのである。

次は、大田南畝の化け物である。「半日閑話巻一四」に見える化け物は、両国橋附近に出た（日本随筆大成第一期8三八四頁）。

○両国橋巷説　同年（筆者注、文化一三年―一八一六年ころ）八月初旬の頃、本所辺より及二深更一狩衣を着てゐぼうしを着し、馬にて空中を江戸の方へ飛来るを、両国橋の茶屋に腰掛しものたしかに見るといへり。是又其頃の専ら巷説なり。

なお、伝説として残っているのは、江戸は本所錦糸堀の堀端に出た化け物が有名である。これは、堀で釣った魚を魚籠《びく》に入れて夜帰って行く者に化物が「おいてけ、おいてけ」と威《おど》して取り上げたというので、その周辺の堀を「おいてけ（き）堀」と呼んだという話である。この話は、本所七不思議のひとつであるが、他の六つもすべて怪談がらみで、「足洗え屋敷」、「送り提燈」などその化物はみな本所に出ることになっている。道草ついでに松浦静山の甲子夜話続篇（本章**一七**参照）からその七不思議のひとつ「本所の狸囃子」を紹介する（平凡社東洋文庫同書４一一五頁）。

予が荘のあたり、夜に入れば時として遠方に鼓声きこゆることあり。世にこれを本荘七不思議の一と称して、人も往々知る所なり。因て其鼓声をしるべに其処に到れば、又移て他所に聞ゆ。予が荘にては辰巳に当る遠方にて時として鳴ることあり。この七月八日の夜、邸の南方に聞へしが、驟に近くなりて邸中にて撃かと思ふばかり也しが、忽ち又転じて未申の方に遠ざかり、其音《オト》かすかに成しが、頓て殊に近く邸内にて鳴らす如なり。予は几に対して字を書しゐしが、侍婢など懼れて立騒《タチサハグ》ゆゑ、若くは狡児が所為かと人を出して見せ使《しめ》しに、近所なる割下水迄は其声を尋て行たれど、鼓打景色もなく、又其辺《アタリ》に問ても、誰も其夜は鼓を撃つことも無しと答へたり。其音《オト》は世の宮寺《ミヤデラ》などに有る太鼓の、面の径《わた》り一尺五六寸ばかりなるが、表の革はしめり、裏革は破れたる者の音《ネ》の如く、又は戸板などを撲てば、調子よくドンドンと鳴ることもあり。其声の如く、拍子は、始終ドンツク〳〵ドンドンドンツク〳〵〳〵とばかりにて、此二つの拍子、或は高く或は卑く聞ゆ。何の所為なるか。狐狸のわざにもある歟。欧陽氏聞かば、秋声賦の後、又一賦の作有るべし。

このような話を持ち出して寄り道をしたのは、実は、遺言と幽霊の関係を言いたかったからである。化け物は、人物に関係なく、誰にでも現れるので遺言とはかかわりがない。一方、人の怨念は、当然遺言にも宿る。竹原春泉斎（一七七五年頃―一八五〇年頃）の絵本百物語廿六（国書刊行会刊多田克己編七七、七八頁）に「遺言幽霊《ゆいごんゆふれい》」という幽霊がどういうわけか「水乞幽霊」と一緒に載せてある。本書の序文に桃山人なる人物が、「是に懲悪の文盲閑話《もゝもうがわ》を加《くは》ふ」と書いているが、この図のわきのその文にいう。

「遺言を得いはずまたは飢渇して死せし者は迷ひ出て水を乞物悲しげに泣さけぶ事ぞあさましき」

遺言を残すことができなかった者や末期の水さへ飲むことができないで死んだ者は、迷い出て水を乞うて物悲しく泣き叫ぶことは何と浅ましいことだ。という意味だが、これは幽霊であるから、どちらも出る相手が決まっているはずで、遺言幽霊について言えば、想像するに、その相手は相続人に限られているだろう。はたしてその相続人が、可愛いくて余計に遺贈してやりたかった者であったのか、はたまた憎くて何もやりたくなかった者なのか。いずれにせよ幽霊は遺言をしないで死んだことを悔んでいるので、当時の慣習法による法定相続分に従いたくなかったことを暗示している。

なお、百物語のことで一言しよう。

古今東西、妖怪変化《へんげ》の話はこわがられる他方で、面白がられるわけであるが、江戸時代から明治初めにかけて百物語という遊びが一部で流行した。夜、好き物同志が集り、ローソクの灯を幾つもともし、一人一人が怪談を語る。一つ話が終るごとに灯をひとつ消してゆく。最後のひとつが消えたとたんお化けが現れるという趣向である。だから最後の一人は話をしないということもあったそうである。この「百」という数字はどうも妖怪変化に関係あるらしく、絵本百物語のほかに鳥山石燕の「画図百鬼夜行」、川鍋暁斎の「妖怪百景」（いずれも国書刊行会刊行）がある。なお、わが国の怪談を語るならば、田中貢太郎の日本怪談全集（桃源社）は、当然のこととして、ラフカディオ・ハーン（一八五〇—一九〇四）の怪談・奇談（角川文庫他）を落してはなるまい。

次は、旗本で、優秀な官僚であり、佐渡奉行、勘定奉行、南町奉行を歴任し功績のあった根岸鎮衛《やすもり》（一七三七—一八一五）の大著「耳袋」から。この本の内容は、雑談、世間話によって埋め尽されているが、いわゆる公務員の守秘義務に触れないよう十分な配慮がされ、好著である。

そこから挙げる項は、二之巻「執心残りし事」（長谷川強校注「耳嚢」(上)岩波文庫一六七頁）

是《これ》も右最寄《もより》の事也。其《その》日稼にて時のもの抔《など》商ひてかすかに暮す男ありしが、随分律義《りちぎ》者にて稼《かせぎ》けるが、金子拾両程も稼ため同町の者方へ来り、金弐両と銭拾四、五〆《かん》文持参、其志を見受《みうけ》て預け置《おき》しと也。其後右金銭を持参いたし病気をも尋《たずね》、預りし品を返し可申《もうすべき》段申《もうし》ければ、彼《かの》男申けるは、「我等死にも可致哉《いたすべきや》とて返し被申哉《もうさるるや》。持参にも及《およば》ざる」と申にぞ、「いやとよ左《さ》にはあらず。病気なれば入用もあるべしと持来りし也。先差置《まずさしおい》て入用にも無之《これなく》ば快気の上亦々預るべし」と言《いい》てさし置《おき》帰りける。無《ほど》程《なく》身まかりける故、子供・親類もなく独者《ひとりもの》の事《こと》故、大屋《おおや》・店請《たなうけ》・五人組など集りて軽く寺へ送り、家財改めけるに金銭拾両余もありしを、家主・店請など配分し明済《すま》しけるに、其日より兎角《とかく》に右老人元《もと》店《だな》の前に立居たり。亦は其辺にて彷彿《ほうふつ》と見えし沙汰頻りなれば、大屋・店請も大《おおい》に恐れ、右金子を以《もって》厚く弔ひ、法事など十分にいたしけると也。

大意は、一人暮しの律気な男が、町内の者に稼ぎためた金を二両余り預けておいたが、預り人が、その男に病の具合を聞き、その金を返すと言った。男は「私が死にそうだから返すとおっしゃるのですか。それには及びません」と答えた。「いや、死ぬとかそういうことではないのです。ただ病気と伺ったものですから。まず置いて行きます。全快なさったらまたお預りします」と言って置いて帰ったのであるが、間もなく死亡した。親戚もない男なので大家、店借りの保証人、五人組などで軽く葬儀を終えて、家の中を調べたところ、一〇両余りの金が出てきたので、葬儀をやった連中がその金を分配した。ところがその日から、ともすると、その男（老人）が幽霊となって住んでいた家の前に立っていたり、附近にありありと見えるなどという噂が立ったので、金を分け合った者達は大いに恐れて、その別けた金で改めて厚くとむらい、法事も十分にしたということである。

というのである。これからみると、いわゆる相続人不存在―明治民法では、「相続人ノ曠欠《こうけつ》」―の場合に当たるが、当時は、町役人と、五人組の者達が、遺産を分配することになっていたようである。本書の著者が著者であるから、この推量は十分なものと考えている。付言すると明治民法と現行民法はどうなっているか。どちらも一定の手続を尽して相続人がいないことを確認することになっていることまでは同じである。そして明治民法では、すべてその財産は国庫に帰属した。しかし、現行民法では第九五八条の三で、家庭裁判所で認めた特別縁故者（被相続人と生計を同じくしていた者や、療養看護に努めた者など）に、清算後の財産を分与することができると規定する。現行の民法のようであるならば、幽霊も出ようにも出られないであろう。ただし、現実には、特別縁故者まがいの者の請求も結構あるにはあるのである。

二　江戸の川柳
――日本永代蔵・風流日本荘子・一話一言・万葉集・現代短歌など――

相続や遺産争いの分野に江戸時代の川柳の作家たちは、どんな目を向けてほろ苦い笑いを洩らしていたのであろうか。話の糸口としてまず、推定相続人の勘当と遺産分けの二つを取り上げ、ついでに勘当では小説、随筆の分野も併せてみることにする。川柳については、宮武外骨氏の「川柳語彙」や「変態知識」などにみるように、容易に取組むことのできるものではない。ここに紹介する川柳にも多くの私見を加えざるを得ない。すべてに自信があるわけではない。ご批判は甘んじて受けるつもりである。

1　勘　当

① さりならぶつにはましと甘い母
② らうがいの母は近所のどらをほめ
③ 母親は息子のうそをたしてやり
④ ちっとづつ母手伝ふてどらにする
⑤ 番頭が来て桶伏の伸びをさせ
⑥ 桶伏と入替へにする座敷牢
⑦ 座敷牢出入りの大工じたいする
⑧ 座敷牢初手は遊里にとらはれる
⑨ 座敷牢ああ月われを亡ぼせり

⑩　座敷牢よもやで羅切願ふなり
⑪　座敷牢目白の罰と母は言ひ
⑫　座敷らう母も手錠がものはあり
⑬　座敷牢文を届けて母不首尾
⑭　座敷牢母は二三日留守といひ
⑮　わんばうを脱ぎおろうさと朝がへり
⑯　着かやれといへばわんばう脱ぎ居ろう
⑰　おいとしいねえと勘当させた奴
⑱　近辺にからまっていて母を剝ぎ
⑲　当分は来やるなと母ひとつ脱ぎ
⑳　近所には居るなと母は二両貸し
㉑　地紙うり母に逢ふのも垣根ごし
㉒　江戸に居やよとお袋の未練なり
㉓　破れたるおんぼろを着て母に逢い
㉔　勘当の息子に寒き橋で逢い
㉕　障子越し泣いて久離を言渡し

㉖ 銀ぎせる是も異見の数に入り
㉗ 勘当へ持って失しょうと銀煙管
㉘ 銚子への路銀に払ふ銀ぎせる
㉙ 勘当も初手は手代に送らせる
㉚ 片月見になるを息子せつながり
㉛ 罪あって息子銚子の月を見る
㉜ 後の月盃のない銚子なり
㉝ 後の月生きた鰯で飲んでいる
㉞ 手を鳴らし過ぎで銚子へ所替
㉟ いたはしや息子銚子の帥となり
㊱ 左遷《さすら》への身だとてうしでまだ洒落る
㊲ 漁師仲間へ入り候とどらが文
㊳ 下がりとり銚子へ行けとつき出され
㊴ 下がりとりおふくろを見てつけ上がり
㊵ 勘当も二銚子目でゆりかねる
㊶ 勘当のあと甚七がものになり

　　甚六をしかり過してたづねに出
㊷　どらに逢ひたいが末期の願なり
㊸　勘当を呼ぶでとむらい三日のび
㊹　今でこそ笑へと銚子話なり

①の「ぶつ」は「打つ」で、博奕をうつことをいう。ドラ息子の弁解を父親にしている母親の姿である。「そうはいうものの女遊びはバクチよりましではありませんか」と。

②の「らうがい」は「労咳」で今の肺結核。労咳の子を持つ母親が、「うちの悴もせめてあのようなドラであった方がまだましなのに」の気持で近所のドラ息子をうらやんでいるのである。

③は、父親に女遊びを嘘でごま化そうとして懸命なドラ息子のそばで、その嘘の化けの皮が剝れないようフォローしている母親。

④は、母親が、①③のようなことをするから息子がドラになるのである。

⑤、⑥の「桶伏」は、「をけぶせ」と訓《よ》み、遊びの金の支払いができないとき、その者に、窓穴をあけた大桶をかぶせ、支払いのあるまで路傍においてさらしたという古い頃の吉原のリンチである。⑤は、ドラ息子の家の番頭が金を持って駈け付け、桶に伸びをさせた（窮屈な姿を開放した、ドラ息子を助け出した）。⑥は、ようやくホットして家に帰ったドラ息子を待ち構えていたのは、親父が作らせてい

た座敷牢であったということで、座敷牢は、当時、ドラ息子などを閉じ込めて外へ出られぬように座敷に造った牢である。もっとも、⑧のように、ドラ息子は、最初は、色里にとらわれていたので似たようなものだ。そのほか、「座敷牢大工を入れて締めて見る」などというのもある。

⑦しかし、何と言っても牢は牢である。いざ作るとなると、いかに出入りの大工でもドラ息子はよく見知っているし、将来そのドラが跡を取ったときのことなどを考えれば、「イヤ、イヤ、それはほかの大工に」と辞退することになろうというものだ。

⑨ここでいう「月」については若干の説明がいる。あとの㉛から㉞の「月」も、みなこの「月」である。遊里では、客寄せのため、紋日《もんび》という松の内、ひな祭り、七夕をはじめ、特別の祝儀の日をこしらへた。この日には、遊女は必ず客をとらねば面子が立たぬので苦労したという。⑨の「月」は、その紋日の「陰暦」(仲秋) 八月十五日の「月見」のことを言っている。これに対して、同じく「陰暦」九月十三日の名残りの月を「後《のち》の月見」と称してどちらも紋日としたのである。客の側からは、「月までに文《ふみ》のくること十五たび」というのは、紋日の月見まで、遊女からの誘いの手紙が頻繁にくることを十五夜にかけて「十五たび」と言っている。だからこの⑨の句は、中秋の紋日が自分をこんな風にしたと「後《あと》の月」を見ながらいうのである。㉛から㉞の「月」も「後《あと》の月」ということになる。

⑩の句も難解である。「羅切」は、「らぎり」で陰茎を切り落すことである。父親にドラ息子が、一応甘えてみせているのである。できるはずのない去勢のことまで持ち出せば、万にひとつも許してく

れるのではないかと、よもやを願っているドラの姿。

⑪は五色不動のひとつ金乗院は目白の不動尊参りを口実にして遊女屋に通った罰だと、座敷牢内のドラ息子に母親が言っているのだが。

⑫しかし、あなた(母親)だって手鎖《てぐさり》くらいの刑は受けてもいいのだよ、あれほど息子を甘やかしたのだからね。というのがこの句である。ここに出てくる「手錠」とは今のものとは用い方が違う。「てぐさり」とも言い、徳川幕府の定めた庶民に対する刑罰のひとつ。三〇日、五〇日はては一〇〇日に及ぶものがあった。もちろん期間中は、自宅謹慎である。喜多川歌麿、十返舎一九、為永春水らは、この手鎖五〇日の刑に処されている。

⑬そうは言ってみてもやっぱりダメなのが母親で、もうすでに座敷牢内のドラ息子あてに来たなじみの遊女の手紙を父親にこっそりと渡しているのである。溺愛というのか何ともバカバカしい話。

⑭そして一歩外へ出ては外聞が悪いものだから、聞かれもしないのに、近所の者に「悴は二、三日留守しております」などと弁解している。

⑮は、仲秋の十五夜と名残りの十三夜とを併せた二十八を洒落れた句である。

⑯、⑰は、座敷牢なしのいきなりの勘当である。「わんばう」は、「おんばう」の転で、綿入れ(の着物)のことである。遊女屋から朝帰りしたドラ息子に親父が「さあ、その綿入れを脱げ、勘当だ」と怒鳴る。そのそばから母親が「着かえなさい」とやさしく言うが、親父は「さっさと脱げ」とまた怒鳴

るのである。なぜわんばうを脱がせるのが勘当かというと、紙子（紙で作った着物）一枚で家を追い出すのが、当時の勘当の風習であったからである。

⑱その紙子姿を見て、「おいとしいねェ」と、ドラ息子の勘当の原因となった女郎、遊女が言っているのである。その言葉に他人ごとのニュアンスのあるのが面白い。

⑲から㉕までは、いつまでも甘い母親とドラ息子とのかかわり合いを句にしたものである。その中の㉒の「地紙うり」というのは、扇の地紙売りの行商のことで、売手はどうも堅気ではなかったようで、男色を売った者もあるという。ここに出る地紙うりは勘当されたドラ息子である。この句のほか、「勘当の詫《わび》の済《すむ》まで地紙うり」がある（「彩色江戸物売図絵」、「江戸商売図絵」いずれも中公文庫三谷一馬著でその姿が彷彿とする）。

㉖の「久離」は旧離とも当てる。自ら出奔するかけ落ち久離に対し、いわゆる勘当に相当するものを追い出し久離と言った。

㉗の「異見」は、「意見」。「銀ぎせる」が㉙まで三句続くが、この銀ぎせるは、宮武外骨氏によれば「道楽息子をいふ、当時の通がり息子は銀の煙管を持たねばならぬような流行であったからである（「宮武外骨著作集」第六巻河出書房新社一三五頁）ということで、ドラ息子の銀ぎせるを見付けた父親が道楽のはじまりなりと叱っているのが㉗である。その意見もきかずとうとう勘当になったのであるが、件《くだん》の銀ぎせるをもって失《う》せろというのが㉘で、それ持って勘当され落ちてゆく先、銚子までの旅費に

充てたというのが㉙である。だから某書がこの銀ぎせるを父親の持ち物と解して説明しているのは明らかな誤りである。

㉚しかし、いくら強気な父親でもさすがに勘当の一回目は（二回目を予想しているところが面白い）心配で、手代（番頭の下のポスト）におそらくは銚子まで送らせるのである。

さて、ここに銚子が出てきたが、あとにも幾つも出てくる。勘当先がなぜ銚子なのか、いい加減な説もあるようであるが、やはり宮武氏の説によることにしたい。氏の説は、銚子は一時天領であったこともあり、紀州辺の浮浪人をはじめ、いわゆる人別帳をはなれ、無宿人となった者が醬油製造業者（現在も醬油工業は盛んで、ヒゲタ醬油、ヤマサ醬油がある）に雇われ、あるいはイワシ漁の網引きの手伝いに多く流れ込んだことがあり、勘当した者も、された者もそのことを知っていてまず喰えるところということであっただろうとする（前記宮武外骨著作集第八巻七〇一頁「一癖随筆」）。また、利根川岸の笹川附近の川舟問屋の人足になった者もいたと思われる。

㉛の「片月見」というのは、吉原で仲秋の名月を見ながら遊女と約束した「後《のち》の月」を吉原で見ることができないことを言うのである。

㉜は、特に言うことはないであろう。

㉝は、地名を酒器にかけている。もっとも銚子の地名は、利根川河口の南岸の地形が酒器の銚子を倒した形に似ているところからきたともいわれる。

㉞は、さきの宮武氏の説を裏打ちしている。

㉟の「そら」は月の出ている空で、このドラ息子は、十五夜の月も十三夜の月も見たことで勘当されたのである。

㊱は、酒の注文で手を打ち続けたせいで銚子は銚子でも遊里から房総に所替えとなったということを洒落のめしている。

㊲「帥」は「ソツ」または、「ソチ」で菅原道真公をもじって、太宰権帥《だざいごんのそつ(ち)》の「帥」をいただいたのである。

㊳も道真公を不謹慎にも自分になぞらえてしゃれたのか自嘲しているのかドラ息子の馬鹿さ加減がよく出ている。

㊴しかし、現実は「お鰯さま（銚子では当時そのように呼んだという）」をとる仲間入りをしましたとおそらく母親あての手紙にしたためる。

㊵、㊶の「下がりとり」は、「借金とり」のこと。㊵は、ドラ息子が勘当されてから実家に借金返済の催促に行った者が、銚子に行って取ったらよかろうと追い返されたところ。㊶は、またまた甘い母親が出た。

㊷の「ゆり」は、「許《ゆ》る」の連用形で、二度目の勘当は許るしかねるということで、これで㉚の「初手」と呼応することになる。なお、「初手の勘当」はあとで述べる内証勘当であろう。

㊸は、「総領の甚六」を背後において述べている。甚六が勘当されたので、弟の「甚七が跡をとり相続したと、「六」に合わせて「七」と言葉遊びをしている。

㊹は、父親の最後の願いで人情である。

㊺父親が死んでとむらいを出すのだが、なにしろ、ドラ息子を呼ぶにも銚子からでは当時は三日延ばさないと参列できなかったのである。

㊻これは、めでたし、めでたしで、かつてのドラ息子も改心して立派に立ち直っている。多分大店《おおだな》の主《あるじ》になっていると思われ、銚子に勘当されていたときの懐古談を周囲にやっている図である。

ここから本論である。

まず、結論の部分の現在のわが国の民法と明治（旧）民法をみてみる。

民法第八九二条　遺留分を有する推定相続人が、被相続人に対し虐待をし、若しくはこれに重大な侮辱を加えたとき、又は推定相続人にその他の著しい非行があったときは、被相続人は、その推定相続人の廃除を家庭裁判所に請求することができるる

民法第八九四条　被相続人は、何時でも、推定相続人の廃除の取消を家庭裁判所に請求することができる。

（二項略）

戸籍法第二十一条　成年に達した者は、分籍をすることができる。但し、戸籍の筆頭に記載した者及びその配偶者は、この限りでない。

旧民法第九百七十五条　法定ノ推定家督相続人ニ付キ左ノ事由アルトキハ被相続人ハ其推定家督相続人ノ廃除ヲ裁判所ニ請求スルコトヲ得

一　被相続人ニ対シテ虐待ヲ為シ又ハ之ニ重大ナル侮辱ヲ加ヘタルコト

二　疾病其他身体又ハ精神ノ状況ニ因リ家政ヲ執ルニ堪ヘサルヘキコト

三　家名ニ汚辱ヲ及ホスヘキ罪ニ因リテ刑ニ処セラレタルコト

四　浪費者トシテ準禁治産ノ宣告ヲ受ケ改悛ノ望ナキコト

②此他正当ノ事由アルトキハ被相続人ハ親族会ノ同意ヲ得テ其廃除ヲ請求スルコトヲ得

旧民法第九百七十七条　推定家督相続人廃除ノ原因止ミタルトキハ被相続人又ハ推定家督相続人ハ廃除ノ取消ヲ裁判所ニ請求スルコトヲ得

②第九百七十五条第一項第一号ノ場合ニ於テハ被相続人ハ何時ニテモ廃除ノ取消ヲ請求スルコトヲ得

③前二項ノ規定ハ相続開始ノ後ハ之ヲ適用セス

旧民法第七百四十九条　家族ハ戸主ノ意ニ反シテ其居所ヲ定ムルコトヲ得ス

②家族カ前項ノ規定ニ違反シテ戸主ノ指定シタル居所ニ在ラサル間ハ戸主ハ之ニ対シテ扶養ノ義務ヲ免ル

③前項ノ場合ニ於テ戸主ハ相当ノ期間ヲ定メ其指定シタル場所ニ居所ヲ転スヘキ旨ヲ催告スルコトヲ得若シ家族カ正当ノ理由ナクシテ其催告ニ応セサルトキハ戸主ハ裁判所ノ許可ヲ得テ之ヲ離籍スルコトヲ得但其家族カ未成年者ナルトキハ此限ニ在ラス

旧民法第七百五十条　家族カ婚姻又ハ養子縁組ヲ為スニハ戸主ノ同意ヲ得ルコトヲ要ス

②家族カ前項ノ規定ニ違反シテ婚姻又ハ養子縁組ヲ為シタルトキハ戸主ハ其婚姻又ハ養子縁組ノ日ヨリ一年以内ニ離籍ヲ為シ又ハ復籍ヲ拒ムコトヲ得

（三項　略）

以上が旧民法と現行民法とが規定したいわば江戸時代の勘当に相当するもののおおよそのものである。

江戸時代の勘当は、さきに述べた内々で行う法的効果のない内証勘当とは別に、町役人と五人組に届出る本勘当があり、これは、久離(勘当)帳に記載、登録されると同時に当時の戸籍簿である人別(宗門）帳から削除されることになる。法律上の効果は、ひとつは、相続権の剝奪であり、もうひとつは、親族と五人組が刑法上の連帯責任を以後負わないことであった。しかし、明治以後は、後者の親をはじめとする連座制がなくなったことから、相続権の剝奪は、旧民法以前は廢嫡、旧民法では、九七五条の推定家督相続人癈除、現行民法では八九二条の推定相続人癈除の方法によることとなった。もっともその解除、取消については、江戸時代から親の勘当三日持たずということで、被相続人の意思でいつでも行えることは変っていない。現行民法八九四条、旧民法九七七条がそれである。では、江戸時代の久離帳、現行の戸籍の取扱いはどうか。江戸時代は、久離の帳外者（無宿者）と呼ばれたが、今は親から同籍の子を戸籍上で追い出すことはできない。せいぜい因果を含めて子から分籍手続をさせる以外のてだてはない。戸籍法二一条がそれである。旧民法では、一定の事由があれば戸主から離籍を裁判所に申立てて「家」から排斥することが可能であった。旧民法七四九条、七五〇条がそれで、復籍を拒否することもできたのである。

勘当というテーマは、小説に仕立てやすいので、探せばいくらでもあると思われるが、ここでは、西鶴の日本永代蔵巻二から「才覚を笠に着る大黒」と都の錦―宍戸与一作の「風流日本荘子」を挙げる。

「才覚を笠に着る大黒」の大意は、勘当された京都の大黒屋の長男の新六（弟が二人いる）が江戸にくだり、乞食のアイデアを生かし懸命に働いて成功し、一〇年もたたないうちに五千両の分限者とうたわれ、暖簾に菅笠をかぶせた大黒を染め、笠大黒屋と稱して繁盛したというものである。

その勘当の場面。

惣領《そうりやう》の新六俄《にはか》に金銀を費《つひ》やし、算用なしの色あそび、半年立たぬに百七十貫目の入帳《いりちやう》の内見えざりしに、とても埒《らち》の明かざる僉議《せんぎ》なれば、手代ひとつに心をあはせ、買置《かひおき》の有物《ありもの》に勘定仕立て、七月前をやう〳〵に済まし、「向後奢《きやうこうおご》りを止《や》めたまへ」と、異見さま〴〵申せしに、更に聞き入れずして、その年の暮に又二百三十貫目たらず。今は内証に尾が見えて、稲荷《いなり》の宮の前にしるべの人ありて身を隠しぬ。律義《りつぎ》なる親仁《おやぢ》腹立《ふくりふ》せられしを、色々詫《わ》びても機嫌なほらず、町衆《ちやうしゆ》に袴《はかま》きせて、旧里《きうり》を切つて子をひとり捨てける。

終りの「町衆に袴きせて旧里を切って子をひとり捨てける」とあるのは、「町の年寄（町役人）と五人組の人たちに正式に奉行所に出てもらって勘当の手続（旧里を切って）をして三人の子の一人を捨てた」ということである。この話の後の方にも「旧里断《き》られて」とあるが、旧里は「久離」で通常「久離を切る」というように表現している。

「風流日本荘子」の大意は、元禄年間、京都四条河原に涼んでいる男、友部弥市は江戸で学問の途次色に溺れ、親や、親から依頼されて弥市を説諭する医師山下元安の言うことも聞かないので座敷牢に入れられた上、勘当される。それから一止入道と名乗り京に上り、嵯峨の釈迦堂で出会った二人の男と儒仏神を語り、目覚めたら釈迦堂のことは夢であって自分は四条河原にいたという話である。

山下元安の説諭の場面と、勘当の場面とを掲げる（近世文芸叢書第四明治四十三年国書刊行会刊より）。

説諭の場面

他の人をしていはせんと思ひ、幸ひ近所に山下元安といふ醫師あり、日頃彌市が父母とは、一家のやうに親しみ、實の厚き人なれば、元安を呼寄せあらましを語りつゝ、何卒貴樣の了簡にて、彼が悪性止やうに異見をして給はれと、眉をひそめて口説かるゝ、山下委埒をのみ込、彌市を密に一間へ招き、仰天顔にていふ樣は、扨もそなたは人體に似合ぬ阿房を盡し、親一門に苦勞をかけ、明暮色欲におぼれ、不孝不義のふるまひをなす、三十に近きよはひにて定まる妻を嫌ひ、うかれ女に魂をとられ、辛き世に持ちにくひ金銀を、水の様に遣ひ捨、夫《それ》を塵ともおもはぬは、大どらともうんつくとも、評にをよばぬ次第なり、とくと胃の腑へ氣を納め、陰氣になりて平常を二季の際じやと心得、今からは傾城を借金乞ひと思ひ、金銀をば主親方のごとく大切に心得、浮氣のそゝりをふつ〳〵やめ、親の心にしたがひて、とつと今度の後の世迄もちぎり朽せぬ女房をむかへ給へ。

勘当の場面

此元安、分別の箱をひらき、思案袋の底を扣てあらそふ共、非義不道の性悪を救ふ事なるべからず、爲方事《せうこと》もなし是からは、西へなりとも南へなりとも、這ひ度方へ這ひ給へ、さらば〳〵といひ切て、塵《ちり》をひねりて歸りける、父母今は所方盡、流石名高き山下さへ、閉口せし上からは、外の評議に及まじ、扨是非もなき仕合と、おどり揚つて腹立し、座敷牢に入置、さま〴〵のせつかん目も當られず、一門を初め親しき友どち集り、色替品替託言すれど、さら〱以て聞入れず、終に公に訴へ、元祿十三辰の秋、あり〱と勘當帳にしるし、給壹枚あたへ、それから直に追出す。

次に勘当について、目に付いたものを備忘のため二、三誌しておく。

慶応元年五月一六日徳川家茂は、長州征伐ということで江戸を進発したのであるが、それから半月もたたない五月二九日に隅田川土手通りをその真似をして行列をつくり練り歩いた者たちがいた。その連中は早速取調を受け処分されたのであるが、その申渡書の人定書が勘当に関係していると思われるのである。曰《いわ》く。

米沢町二丁目徳兵衛店石井屋もと方に罷在候、横山町一丁目家持又兵衛倅にて、欠落いたし当時無宿

大又事　紀之助

此もの儀、客にて重立企候もの云々

（三田村鳶魚「鳶魚江戸文庫36」中公文庫二六九頁による）

つまり、事件の首謀者はこの紀之助であるが、同人は騒ぎを起したときは欠落（多分これは女と駆けおち）して勘当され、人別帳からはずされた無宿者であるというのである。だが前々から無宿者ならそ

んな大金のかかる大名の真似の遊びができるはずはない。おそらく父である金持ちの家持又兵衛は当然のことながら、町役人、五人組の人たちも紀之助の罪の連帯責任を問われ連座するのを恐れて、相談の上、大急ぎで日付けをさかのぼらせて勘当の処置をとったものであろう。

ところで、江戸時代にあっては、町人の間に右のように連座を恐れた勘当はかなりあったものと思われ、川柳に見たようなドラ息子も日常茶飯の話題になるくらい多かったようである。そこで勘当の弊害が出てくる。無宿となった者たちは、食うに困れば泥棒でも何でもやり、世間を不安に落すことになる。武士の勘当の規制を説いた随筆と、庶民に対する勘当規制のお触れをそれぞれ挙げておく。

森山孝盛「蜑の焼藻の記」（日本随筆大成第二期二二巻二三二頁）より

近来は放蕩不行跡のやからは、親類も不レ残通路を断て、後は孤独になして家禄を失ふを遠くより見つゝ居候こと、一般の俗習に成て、本意とも存候はず。大体の一類多分は、数多たび異見をも加へ、さるにても請引ざる上に義絶しなんは、左も有べきに、近き頃は語り伝へ聞伝へに、其ひゞきを聞や否や、急ぎあはてゝ義絶状を遺して、知ぬ顔して過る事、定例に成候ひぬ。去放逸なる者あらんには、続がらの者は親類に不レ拘、幾度も禁《イマシ》め異見を加へて、何れ手にあまるに到りては、頭支配に内々申談て、其者をば一間に押込、或は退隠させて実子にもせよ、養子にもせよ、御奉公すべきものに家を譲らすべき事、一類たる者の身にしては、上へ奉レ対も本意なるべけれ、又親類とてもなき家ならば、其為にこそ与頭世話取扱なんど云ものも立置れば、彼人々いかなる工夫も手段も有べき事なれ、然るを何事も踏止て、事を捌くことを僭上と心得るごときより、自然其人に不レ構間、弥々いぶせく思ふ人もなくなりて、遠慮すべき心も失せ、よからぬ友も多く入来り、淫逸放蕩不レ至と云ことなく、終に家禄を亡すに至り候か、僭上にもせよ、差出たるにもせよ、御旗本の家一軒押直して、永く禄を全ふさすると云は、大なる忠勤にこそ侍るべけれなんと認て、封事を奉りたりしに、其後（中略）諸士放逸のやから一類義絶の事むづかしく成て、通路を絶事、容易に成がたき趣被二仰出一たり。

大意は、

最近は、素行不良の者どもを簡単に縁を立切っているが、そうする前に何度も諭《さと》さなければならない。その上でなければ義絶状（庶民の勘当状）を出すことは上（領主）に対しても申訳けないことだ。親の手に余るようならば、頭支配（直属の上司）とも相談して、座敷牢に押し込めるもよし、退隠（癈嫡）させて他の実子か、その実子がなければ養子でもよい、ちゃんと上に奉公できるものを跡取りにすればこと足りるのだ。そういう手だてを講じないから不良者は、ますます悪くなる。旗本の一軒をそのようなことからつぶしてはならない。遠慮せず大いに本人に意見を加え、立ち直らせることが本当の忠勤ではないだろうか。このような意見書を書いてわが主君に奉ったところ、その後（中略）、素行不良の者どもを簡単に義絶することがむつかしくなり、親戚の者達との交際を絶つということも安易にしてはならないとの仰せが出された次第である。

ということになろう。

なお、本文にも見える「義絶」の語義については議論がある。荻生徂徠は、「南留別志」において、「一　義絶といふは、夫婦、君主にいふ詞なるを、父子に用ふるは、大きなる誤なり。」と。つまり本文のような用い方は誤用であるとする。しかし、著者未詳の「南留別志の弁」は、「義絶はやまとからともに、もはら夫婦にいへり。（以下略）」（いずれも吉川弘文館「日本随筆大成二期15」前者は一五頁、後者は一四九頁）後者によっても本文は誤用ということになる。これは「義」が約束による仮のものの意を持つことからきている。徂徠は、「君臣」も然りと肯定し、「南留別志の弁」はそれを否定するのである。

「一話一言」大田南畝（「日本随筆大成別巻4」（吉川弘文館）二八九頁）より

〇町方旧離之事に付御触

一　町方にて久離願差出候者共数多に候、親子兄弟之教等等閑にて、多くは幼少之時より我儘に育、終には親兄弟之手にも余りあぶれ者に成、其時に至り久離帳外に成候得共、多くは眼前に無宿に成飢渇にも及、或は悪事をいたし重刑に行はれ、又は乞食非人と成、一族も耻辱を請候事に候、久離帳外之事人倫におゐて不案事に候条、一族は勿論所役人等も精々心付候はゞ、子弟其外身代不持者共邪路に不入様に教育を尽し可申、其上にも不得止事不久離して難成は、一族并所役人迄相揃訴出可待差図候、筋に寄り不得止事は尤聞届可遣候。
一　是迄家出又は欠落者、出先にて如何様之悪事可致哉難計由にて久離帳外願候得共、此儀者猶更不容易候、兼て之儀は等閑に致し置、右之節に至り後難を存、久離候類者不埒に候条、是又吟味之上聞届可遣候。
一　父母幷一類共、久離可致心底には無之処、所役人共後離を量、一族へ申勧め久離願はせ、不承知に候はゞ家明可願旨申談候類は、所役人共心得違成筋に候、一族銘々は勿論所役人等も一同其旨存、猥には久離之儀不申出情々心を尽し可申教候、実に不得止事分計可訴出、左候はゞ猶利害之申聞方も可有之候、尤糺之上品に寄り久離も聞届遣可有之事。
　辰七月
右被仰渡之趣、町中名主支配限り家持借家店借り迄不洩様、入念申聞一統行届候段、一組限御届書来十四日当役所へ可差出候旨、被仰渡畏候。以上
　寛政八辰年七月十一日
右之趣町中一軒毎に不洩様得と為承、不洩行届候はゞ其旨御届申上候様可為仕旨、能登守様御差図を以樽与左衛門殿被仰渡候間、一組限名主へ早々相達し、支配町々右之通篤と為承候上、名主銘々御届書一組限肝煎へ取集メ、来ル十四日差上可申旨申入候。
辰七月十一日

大意は、

一　町人の間では、ヤクザならず者の久離願が増加しているが、これはそもそも親たちの育て方、教育がなっていないからだ。帳外者になってさらに悪事を重ねているのは、一族の恥辱であろう。きちんと教育しても勘当は止むを得ないというのであれば、一族、町役人打ち揃って奉行所に訴えよ。筋が通るなら久離を許すことになる。

一　家出者、欠落者《かけおちもの》については、一層問題がある。常日頃はその放恣を放っておきながら、家出、欠落があると行先で何を仕出かすか分からないと後難（連座）を恐れて久離を願い出る。これも取調べの上判断をすることは前項と同じである。

一　父母や一族が勘当をしたくないのに、町役人が後難を恐れ、父母らに圧力をかけて久離願いを出させるよう仕向け、出さないなら家を立ち退けなどと迫るなどはもってのほかだ。よくそこを心得て止むを得ないケースだけを訴え出よ。そうすれば当方からも言うことがあろうし、糺《ただ》した上で場合によっては久離も差許すであろう。

（後文は、この触れ書きの周知方法を示す。末尾に出る樽与左衛門は町年寄として権力を振った男である）

なお、前にも触れたがこの二項にいう「欠落者」は、今の相愛の男女の駈落ちではない。貧困、悪事、無頼などで住居を捨てて逃亡することをいう。海舟の父勝小吉は、無頼から養家を二度も「かけおち」している（勝小吉「夢酔独言他」平凡社東洋文庫二二頁以下）。

最後に、久離願いの実物の一例を紹介する。

乍恐口上

一、私同家甥宗八と申者当年廿九才ニ罷成候もの先月十九日家出仕、同廿九日家出之御断奉申上候、然ル処、右宗八義常々不行跡ものニ御座候ニ付、是迄一家共度々異見仕呉候得共、一向聞入不申、末々何ケ様之悪事仕出候哉無覚束奉存候、尤、宗八へ久離御願可奉申上旨申聞候得共、何分心底相改不申、依之一家共得心之上、乍恐久離御願奉申上候、此外親類無御座、何卒御聞届被為成候ハハ御慈悲有難可存候、以上

天明五年巳八月

本町四丁目

宗八叔父　喜　六

同人女房

同人叔母　あ　さ

同　人　娘

同人従弟　る　い

松平遠江守様御領分摂州武庫郡上瓦林村

同人叔父　百姓　定右衛門
同人叔父　百姓　忠五郎
右之外諸親類無御座候、願之趣相違無御座候ニ付、乍恐奥印仕候、已上
家主、五人組、年寄省略

恐れ乍ら口上

一、私同家の甥宗八と申す者当年二九歳に罷り成り候もの先月十九日家出仕り、同二九日家出のお断り申し上げ候。然る処、右宗八義常々不行跡者につき、これまで一家《いっけ》共度々意見仕り呉れ候えども、一向聞入れ申さず、末々いかようの悪事仕り出で候やおぼつかなく存じ奉り候。もっとも、宗八へ久離お願い奉るべき旨申し聞け候えども、何分心底相改め申さず、これにより一家共得心の上、恐れながら久離お願い申し上げ奉り候。此のほか親類ござなく、何とぞお聞き届けなられなり候はばご慈悲ありがたく存ずべく候。以上

天明五年巳八月
本町四丁目
宗八叔父　喜　六
同人女房

同人叔母　あさ
同人　娘
同人従弟　るい
松平遠江守様御領分摂州武庫郡上瓦林村
同人叔父　百姓　定右衛門
同人叔父　百姓　忠五郎

右のほか諸親類ございなく候、願いのおもむき相違ございなく候につき、恐れながら奥印仕り候。以上
（家主、五人組、年寄省略）

（以上原文は大竹秀男「封建社会の農民家族改訂版」創文社八九頁による）

2　遺産（片身）わけ

「勘当」が脇にそれて長くなったので、この辺で遺産（片身）分けに移る。まず、川柳。

① 涙を棚へ上げて置きかたみわけ
② 泣き泣きもよい方をとるかたみわけ
③ なきなきもうかとはくれぬかたみわけ
④ 片身分はじめて嫁の欲が知れ

⑤　かたみわけ後生も何もうちわすれ
⑥　泣きながら眼をくばるかたみわけ
⑦　死金はおっかなそうに分けて取り
⑧　片身分已後《いご》は音信不通なり
⑨　二三通後妻書置おっかくし
　　書置はめっかり易い所《とこ》へ置き
　　書置を見れば不孝も知ってゐる
⑩　家督公事《くじ》腎虚させたが相手なり
⑪　湯灌する側《そば》で妾と一《ひ》ト喧嘩

①から④までは、説明は不要であろう。
⑤の「後生」は来世である。意味は、今自分がやろうとしているバチアタリな欲ばりが来世に罰を受けるかも知れないが、チャンスだから、いい物をとらなくちゃあ。である。
⑥の「眼」は「まなこ」と訓む。⑦の死金は故人が貯めた葬式金の余ったもの。
⑧の「已後」は、「以後」である「音信」は「いんしん」。片身分けのあと、寄りつこうともしない者がいる。
⑨も説明の要はないと思うが、先妻の子らに財産を渡したくないのである。死んだ夫が見つかりや

すいところに置いてあっても隠すのである。ただ、遺言書が二、三通あっても、後日付けのものが最優先することは前に述べたとおりである。また、今は遺言書を隠匿した者は、相続人となることができない（民法八九一条五号）。

⑩は、ちょっと面白い。これは片身分けではない。訴訟である。家督争い（公事は訴訟である）というよりも妻は通常家督を継げないから遺産の争いで、原告は先妻の子、被告は若い後妻ということになる。つまり、被相続人が先妻の死後に若い後妻をもらったので精気をすっかり吸いとられて間もなくあの世に旅立ったというのである。腎虚《じんきょ》とはセックス過度からくる心身の衰弱のことである。腎虚ということは近頃はあまり聞かないが、先妻の子と後妻との間の遺産分割の争いはかなりある。被相続人と後妻の婚姻期間が短いと争いは深刻さを増す。なにしろ後妻の法定相続分は二分の一である。僅か数箇月の婚姻期間でも二分の一では遺産の増加や維持に多年力を尽してきて死亡した先妻の子らにしてみれば、亡母の無念さが伝わるのであろう、そう簡単には納得できないことは気持ちの上で理解できるのである。

⑪は、少々説明の要がある。「湯灌」というのは、仏教の葬儀で死体を洗い清めることを言うのであるが、江戸時代では湯灌にかかわった者やその場所が穢《けがれ》をうけ、そのため、借家人がその家の中で湯灌をするとそのあと費用をかけてお清めをしなければその貸家に家主も入ることができず、湯灌を外でやれば家主は費用がかからない。そこで、借家人は寺の湯灌場で湯灌をする定めになっていた。家

の中で湯灌できるのは農、工、商では家屋敷を所有している者だけであったのである。⑪の句では、妾がいたくらいだから自宅で湯灌しているのである。また、「不器量なむすめ湯灌場もってくる」という川柳もあるが、これは**一五**で出てくる持参金と関係があるが器量が悪いため、持参金代りに不動産を持参して嫁入りする娘についての句である。

この⑪の句の解釈について、湯灌しているところに死者の妾がやって来て、遺産の分け前を求めたのに対し、本妻や息子たちがいきり立ってけんかになったとする考え方（渡辺信一郎「江戸の女たちの湯浴み」新潮選書二四三頁）があるが、私はそうではないと考える。当時も今と同じに妾には一切相続権はなかったのであるから、そのことで本妻らが妾と揉めるはずがないのである。おそらく本妻側が供養に現れた妾に「お前などの来るところではない。死人はお前に殺されたようなものだ（腎虚の意をこめて）」と言ったことからはじまったけんかであろう。

では、「妾」と「内縁の妻」とはどこが違うのか。妾というのは、通常男の日常の生活の本拠地には妻子がいて、しかも、男にも妾にも婚姻の意思もなければ夫婦として生活しているとの認識もないのである（明治時代の妾の実態については黒岩涙香「弊風一斑蓄妾の実例」社会思想社が詳細である）。しかし、「内縁の妻」はそうではない。婚姻の意思を持って同棲し、周囲からみても双方夫婦として認識され、二人の生活の場がまさに日常の生活の本拠と評価されながら、単に婚姻届を出していないだけのものをいうのである。その中には、夫婦別姓の主義からという女性（これらの女性はそもそも「内縁」の語を差別用語として否定しているに違いない）もいるが、不倫から配偶者を離れた男と生活を続けている女性もいる（重婚的内縁の妻）。

現在の法律からみると、民法では「内縁」の効果は、相続関係には及ばない（内縁の妻から見て内縁の夫やその親族からの相続権はない）。しかし、夫婦間の扶け合いの義務や生活費用の分担の義務は負うし、労働法の分野や公務員関係の法規などでは保護規定が置かれている。なお、「外縁」という聞きなれない言葉で、夫婦の双方が離婚の意思をもち、別々に暮して離婚状態を続けながら離婚届を出していないことを表現することがある。

では、不倫関係から生じそのまま妾の状態にある者に対する男性からの遺贈を内容とする遺言の効力はどうか。公序良俗に反するとして無効となるかという問題がある。昭和六一年一一月二〇日の最高裁判所判決は、この問題が争われた事件で無効となるかどうかの判断基準を二つ挙げている。その判決要旨は次のとおりである。

妻子のある男性がいわば半同棲の関係にある女性に対し遺産の三分の一を包括遺贈した場合であっても、右遺贈が妻との婚姻の実体をある程度失った状態のもとで右の関係が六年間継続したのちに、不倫な関係の維持継続を目的とせず、専ら同女の生活を保全するためにされたものであり、当該遺言において相続人である妻子も遺産の各三分の一を取得するものとされていて、右遺贈により相続人の生活の基盤が脅かされるものとはいえないなど判示の事情があるときは、右遺贈は公序良俗に反するものとはいえない。

すなわちそのひとつは、遺贈が不倫関係の維持継続が目的であるかどうか。ふたつは相続人の生活を脅やかすようなものであるかどうかというのである。もちろん、このような裁判はケースバイケースでもあり、個々の裁判官の倫理観にも大きく影響されるから、最高裁の判決後もこの判断基準によった下級裁判所の判断も二つに分かれている。

そこで、そのような遺贈を全部有効とか、全部無効とか判断するのではなく、一部を有効とし、一部を無効とする場合もあるのではないか。むしろそのような判断を示すことが実情に即した妥当な解決を図り得ることがあるとする考え方がある（相沢真木「現代裁判法大系12」（新日本法規）三〇〇頁）。

不倫関係にない婚姻届を出していないだけの夫婦間の遺贈遺言は当然、何の問題もない。

次は、古代の万葉集にさかのぼってみる。

3314 つぎねふ山城道《やましろぢ》を人夫《ひとづま》の馬より行くに己夫《おのづま》しかちより行けば見るごとに哭《ね》のみし泣かゆそこ思《も》ふに
心し痛したらちねの母が形見とわが持てるまそみ鏡に蜻蛉領布《あきつひれ》負ひなめ持ちて馬買へわが背

3733 我妹子《わぎもこ》が形見の衣《ころも》無かりせば何物もてか命つがまし

3314の大意は、

山城に通り路を他人の夫は馬で行くが、私の夫は徒歩だ。見る度に泣けてくる。心が痛む。ここに母の形見の磨かれたよい鏡と美しい布がある。一緒に背負って行って馬と替えてください。わが夫《つま》よ。

3733の大意は、

ここに妻の形見の着物がなかったならば、なんでもって自分の命をつないでゆこうか。

ということであろう。

片身は、3314では鏡とそれなりの価値のありそうな布であり、3733は、衣類となっている。3314の歌をみると女性の歌であるから、当時から遺産分けとは別に片身分けが行われていたと考えてよいと思われる。

実は、万葉集には「片身」の意味で用いた「かたみ」の語（互いの意味の「かたみ」が別にある）は、表記は異なるが全部で二五首ある。その中で、死者の記念の品を意味すると考えられる「かたみ」を内容とする歌は、右の二首だけであって、他の二三首は別れた恋人など生存者の記念となる品であったり、過ぎ去ったことを思い出させる風景などのもので、この稿で取り上げるべきものではない。要するに当時の「かたみ」の用法は、死者からのこされたものということについては少なかったのではないかと推測するほかはない。

万葉集の歌は、以上にみたとおりであるが、現代短歌ではどうか。

終戦後、齋藤茂吉のあと、歌誌「アララギ」を取り仕切り、平成二年（一九九〇年）百歳の生涯を終えた歌人土屋文明には「かたみ」の歌が幾首かある。それを見てみようと思う。

なお、同じアララギの茂吉と、島木赤彦の作品には、この「かたみ」の歌がどうも見付からない。その理由は作風によるものとしか思えないのであるが、あるいは、文明が長命であったため、友人らを次々と先立たせたことにもよるのかもしれない。「かたみ」を詠んだ作品が、昭和五〇年（一九七五年）以降、つまり彼が七五歳になってから多くなっているのは事実である。そして、当然と言うべきことかもしれないが「かたみ」分けの紛争は詠まれてはいない。

①　亡き友が形見分ちしセルの着物一枚を寒くなるまで着つくしぬ　（山谷集）
②　亡き友の形見の袷とり着つつ今日の起《た》ち居《ゐ》のさゐさゐかなし　（少安集）
③　君が骨つひに帰らぬ日本にて形見《かたみ》に貰ふ桐《きり》の木の下駄　（山下水）
④　亡き友の形見の犀角生命のぶ削らむとおもふ手許たゆしも　（青南後集）
⑤　長らへて次々友の形見着る今日は四人目の君がメリヤス　（青南後集）
⑥　三世四人一日の行きの形見にて沙に生ひ続ぐ石清水山藍　（青南後集）
⑦　竪川を中にはさみて住み終へし貴き御いのちの形見と此処を　（青南後集）
⑧　我は歩む雪駄に藤ステッキほこりかに共に亡き友の形見の品々　（青南後集）

カッコ内は歌集名で、作品の順序は発表順である。

①の「分ちし」は、「わかちし」で、分けたの意。
②の「さゐさゐかなし」は、さわさわ音を立ててかなしい。という意。
③は、昭和二一年秋の作品であるから、外地でおそらく戦死した人の形見であろう。秀歌である。
④の「犀角」は、「さいかく」で、さいの角、漢方の薬。「たゆしも」は「ああ、だるい」。一回、一回飲む量を削り取って用いるのである。
⑤は、長生きをしたので、死んだ友人たちの形見をつぎつぎに着て、今日はそのうちの四人目になる君のメリヤスの衣類を着るということだ。
⑥は、行楽の「かたみ」(記念)にする石清水の間に咲く山藍ということ。⑦は、場所を「かたみ」と見ているので、いわゆる故人の記念の「かたみ」ではないから、二首とも本書とは直接関連性のないものである。万葉集ではこの⑥、⑦の用例が大半なのである。
⑧の「ほこりか」は、形容動詞で、「気持ち明るく」の意。
文明の詠んだ「かたみ」は、こうしてみるとほとんど財産的価値のない品々で故人の思い出深い記念の品物ばかりのようである。万葉集三三一四の「かたみ」は、当時としてはかなり価値がありそうなので、文明の「かたみ」とは多少様相を異にするように見えるし、江戸の川柳がこれまた紛争の起きそうな金銭的価値を背後に感じさせる「かたみ」であるのでこの語の意味の変遷が知られる。

そのほか、秀れた晩歌を含む歌集をみてみると、亡妻藤野を詠んだ窪田空穂の切々たる歌集「土を眺めて」には、『その母の形見となれる二人子《ふたりご》の頭《つむり》撫でやれば恠《あや》しとわれ見る』と、子を亡妻の片身としているものはあるが物を片身とした歌はない。歌集「冬木原」では、次男茂二郎の死をいたむ長歌捕虜の死の中で『……捕虜番号書ける墓標を　人の身の形見とはなし、……』と詠み、さらに、『死にし子が形見となりし冬襦袢われこそ著めと今朝を身につく』と文明と「かたみ」についてと同じ用い方をしている。

吉野秀雄の亡妻はつ子への晩歌を編んだ「寒蟬集」、愛娘ひとみへの秀れた晩歌を多く詠んだ五島美代子の「新輯母の歌集」にもなぜか「かたみ」の語は現れていないようである。

では、現実に現在の遺産分け、特に家庭裁判所にあらわれる「かたみ分け」はどのように扱われているか。調停の当事者たちは、実はこの点についてはほとんどが常識人であって、「かたみ」というと土屋文明や窪田空穂の歌の対象と同じような財産的価値のあまりない故人を偲ぶよすがとなる記念品と考えている。したがって「かたみ」をめぐる紛争は、調停に至ってもよほどのことがなければ表面化せず、内々で解決するのがほとんどと言ってもよいであろう。争いとなった場合の参考として裁判例をひとつ挙げておく。

昭和三六年一月一八日高松高等裁判所決定（要旨）

びょうぶ、膳、椀等の相続財産で使用価値、交換価値のほとんどない場合は、相続人が特別の愛着をもち、主観的価値が高いと認められるものでない限り、強いて遺産分割の対象に加える必要がない。

一二　父の終焉日記

ここで江戸時代の凄《す》さまじい遺産分割の紛争をお目にかけようと思う。その主役はなんと彼の有名俳人、一茶その人である。一茶と言えば、

雀の子そこのけそこのけ御馬が通る
目出度さもちう位也おらが春
這へ笑へ二つになるぞけさからは

などが簡単に口に乗るのであるが、彼の素顔に隠された執念深い性格は並のものではない。

紛争の激しさをその父の死の前後を一茶本人の書いた実録日記風の「父の終焉日記（又は父のみとり日記）――いずれも後の人の命名」からみる。とりあえずその前に彼の略歴と周囲の人々を明らかにしておこう。彼は一七六三年に信州水内郡柏原村（現長野県上水内郡信濃町柏原）生まれ、一八二七年六五歳で死亡したのであるが、実母くには三歳のとき死亡し、父弥五兵衛が後妻おさつと結婚したのは八歳のときである。一〇歳のとき、このおさつは義弟仙六（専六）のち改めて弥兵衛を生む。一茶（弥太郎）は、祖母かなに可愛がられて育つが、この祖母と後妻はかなり折り合いが悪かったという。その祖母も一茶が一四歳のとき死亡し、父、弥五兵衛のすすめで江戸に出る。その後、一〇年くらい彼が何

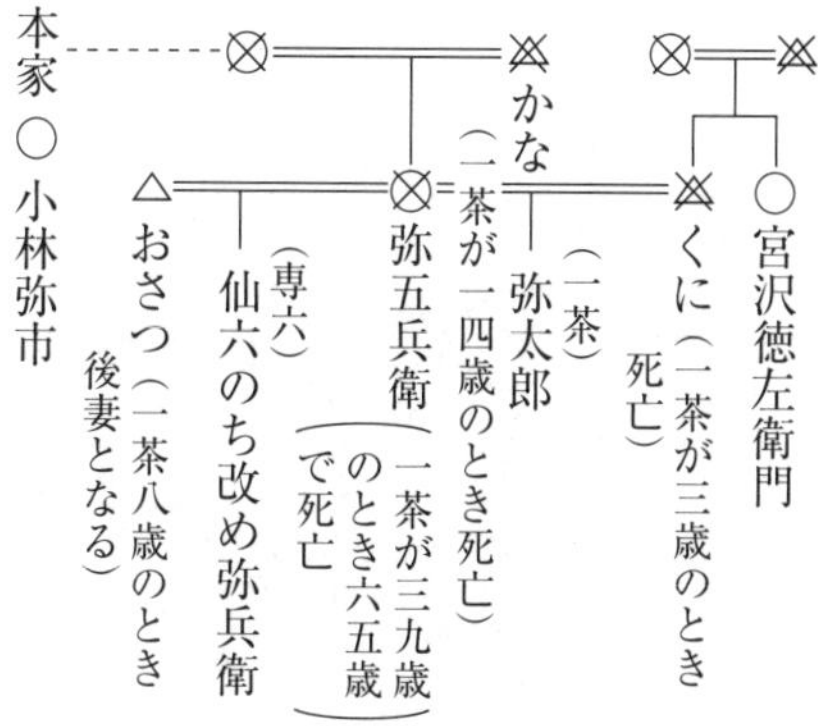

をして暮していたか明らかでないが、歴史上姿を現わしたときは、すでに二四、五歳で俳人の卵である。このあと、まっすぐに俳人の道を進み、江戸と信州を往来していたが、本件の遺産分割が終ったのを機会に五二歳ではじめて結婚し、故郷に落ちついて俳句に専念したのである。

「父の終焉日記」は一茶が三九歳のとき、たまたま故郷の柏原に帰省中、父が発病し、おおよそ一箇月の治療の甲斐もなく死亡する間と、その後初七日までの看護などの日記である。しかし、日記と言っても、日々の出来事をそのまま記録したものではなく、数年を経ての作品とみる説が妥当であろう。内容について、「俳諧大辞典」(荻原井泉水稿)と、「日本古典文学大辞典」(丸山一彦稿)とは、ほぼ同文で、「一茶の(病)父に対する真情と共に継母及び(や)義弟仙六との対立葛藤がなまなましく描かれている」とする(( )内は後書の稿)。しかしこの「なまなましく」は文学上のもので、かなり誇張されたものである。日記執筆時はすでに遺産分割の闘争が酣《たけなわ》であったので彼としては自らを正当化するためにいかに自分だけが親孝行のために、これだけのことをして、継母と仙六が非道の者であるかを書いておく必要があったのである。

日　記

廿九日　父は病の重《おも》り給ふにつけて、弧《みなしご》の我《わが》身の行末《ゆくすゑ》を案じ給ひてんや、いささか〔の〕所領、はらからと二ツ分《わけ》にして興《(与)》んとて、くるしき息の下より指図《さしず》なし給ふに、「先《まづ》中島てふ田と、河原《かはら》てふ所の田を弟に附属せん」とありけるに、仙六《せんろく》に染《そま》ざりけん、父の仰《おほせ》にそぶく。其《その》日父と仙六いさかひして、事止《やみ》ぬ。皆、貪欲《とんよく》・邪智《じゃち》・諂曲《てんごく》に目くらみて、かかる息巻《いきまき》はおこりけり。いかなれ〔ば〕不観《(顧)》親養、任他《にんた》五濁悪世《ごぢょくあくせ》の人界《にんがい》、浅ましき事なりき。此《この》夜は別して脈あしければ、一人にては心細く、仙六、父のみ心に叶《かなは》ざる弟なれども、父にいまは〔の〕時もいたらば、血を分けたる子の事にしあれば、本意《ほい》なくやあらん〔と〕、弟の心を思《おもひ》やりて、父の傍《かたはら》に寝させたり。

廿九日というのは、父、弥五兵衛が発病して七日目ということになる。

大意は、

父は病が重くなるにつけて、みなしごの自分のこれから先を考えたのであろうか、わずかの土地を弟仙六と半々に分けたらよかろうと、苦しい息の下から、「中島と河原の田を仙六にやろう」と遺言するのに、仙六は、不満だと父の言うことを聞かず争いになった。これはみな仙六の欲張り、悪がしこさ、根性曲りから出たことだ。親孝行もかえりみないで現世の悪に任せるとは何とまあ、浅ましいことだ。この夜は、とり分け病勢もよくないようなので自分一人では心細く、仙六は父とうまくいかない弟だけれども、父の万一のことも考えて、死に際に傍らに置いてやろうとその側に寝させてやった。というのであるが、一茶の身勝手が、かえってよく分かる。仙六の欲張りなどをいうが、自分はどうなのか、自らを省りみる姿勢などこの文のどこにも見られない。見られるのは、彼の書いたものにいつも出てくる「孤」である。本文に用いたのは、一茶全集第五巻信濃毎日新聞社刊からであり、振り仮名も同書によっていて、「孤」は「みなしご」と訓ずるけれども、そもそも「孤」の本義は、あくまでも、「ひとつ」であり、「孤児」＝みなしごとは両親のない子をいうのである。

一茶には、レッキとした父がいるのに、「みなしご」と自らを言い、これを売り物にして、同情を買おうとしている魂胆がありありと透けて見える。それは、

この日記本文のうしろの「別記」＝「生ひ立ちの記」（これも後世の命名）にも顕著に見ることができる。

その一部を掲げる。

（日記別記）

春さり来れば、はた農作の介《たすけ》と成《なり》て、昼は日終《ひすがら》、菜《な》つみ草かり、馬の口とりて、夜は夜すがら、窓

の下の月の明りに沓打《くつうち》、わらじ作りて、文《ふみ》まなぶのいとまもなかりけり。

明和九〔年〕五月十日、後《のち》の母男子仙六を生めり、此《この》時信之《のぶゆき》は九歳になんなりけり。いたましひ哉、此日より信之、弟仙六の抱守《だきも》りに、春の暮《くれ》をそきも、はこに《に》よだれに衣を絞《しぼ》り、秋の暮はやきも、ばりに肌《はだへ》のかわくときなかりき。仙六むづかる時は、わざとなんあやしめるごとく父母にうたがわれ、杖のうきめ当てらるる〔事〕、日に百度、月に八千度、一とせ三百五十九日、目のはれざる□もなかりし。憑《たのみ》と思ふは老婆一人介《たすけ》ト〔なり〕給ふ〔に〕、餓鬼《がき》の地蔵を見つけたるがごとく、あやうき難はのがれたり。

大意は、

前段は、一茶の幾歳のころからのことか不明であるが、要は、どれだけの苦労を重ねたかを述べる。信之とは一茶、自分のことである。中段は、義弟の仙六のお守《も》りの苦労、例えば「はこ」＝大便の世話、「ばり」＝小便の始末に自分の肌がかわくひまもなかったということを述べたてている。後段では、仙六がむづかっているときなどは、わざと自分が仙六をいじめているのではないかというように父や母から疑われ、杖で打たれることが、日に百回、月に八千回、これが一年三百五十九日続いたのである。毎日泣いて目のはれ上らない日はなかった。頼みに思ったのは、祖母だけで、そのお陰でようやく災難を逃れることができた。

というのであるが、後段の父と後妻の折檻《せっかん》打擲《ちょうちゃく》の表現は白髪三千丈どころか、日に百回がなぜ月に八千回になるのか稚拙な表現である。

また、父の折檻のことも言って、ポロリと本当のことを洩らしているところが情けない。

また、日記本文に戻ろう。さきの二九日から、一八日過ぎている。この間の日記は、自分がいかに父に可愛がられ、継母にうとまれているかを縷々《るる》と書きつらね、仙六の親不孝を言い、自分が父に食べさせるために梨を探して善光寺を一日駈け回ったなどと親孝行を吹聴している。時は旧の五月、村中は、田植で忙しく、継母も仙六も農作業で猫の手も借りたく、暇人《ひまじん》の一茶が実は父の薬を貰いに善光寺の医師宅に行くことを余儀なくされただけであろうが、このように言うのである。さらには、父の飲む酒を止めなかったと、継母らを人殺しのごとく罵るのである。

では、一八日の項。

一八日

（略）夜も五更《ごかう》の比《ころ》、善光寺に便《びん》あれば、父は砂糖求《もとめ》たきよし云《いは》るるに、けしきあしく〔腹〕立て、「是迄《これまで》の砂糖、何程何程」と価《あたひ》をかぞへ立て、「また砂糖たうべる存寄《ぞんじより》か〔と〕。死《しに》かかる人についゑとなりければ」〔と〕又かれこれいさかひとはなりぬ。父の痰《たん》の薬に調《ととの》へたる砂糖、父は我に「たうべよ」と云《いは》るる事もあれば、吾たうべると推察して、かくののしらるるか。いづれにもせよ、おそろしき欲界他。終に砂糖は求ずなりぬ。此《この》夜子《ね》一ツの比より大熱にして、「冷水《ひやみづ》ほし」〔と〕なん〔の〕給《たまひ》き。井に汲《くみ》に出《いで》なんとすれば、父は童《わらべ》のごとく思《おもは》るゝにや、父のおほせに、「井に落《おつ》るな」となど教訓ありければ、母は寝て居たりけるが、それを聞《きき》つけて、「こなたのたからむすこ、さ程に迄《まで》愛せらる物哉」と、忽《たちまち》嗔恚《しんい》眼に角立《かどたて》、髪の毛は針を立たるごとく逆立《さかだち》、はたと白眼《にらみ》し目《ま》ざし、むべも大《だい》蛇《じゃ》ともなるべきおもざし也。

大意は、

明け方に善光寺に行く便があるので、父はそれに頼んで砂糖を求めたいと言ったところ、継母はこれまで砂糖に幾ら幾ら使っている。まだ食べるつもりか。死にかかっている者の金なんか。と言い出したことからまた争いとなった。砂糖は父の痰を鎮める薬であるが、時には自分にも食べよと父が言うのを聞いていて、食べないのに食べると勘繰ってこのように罵るのであろう。恐ろしい欲である。父はとうとう砂糖はいらぬとことわってしまった。その夜半、父は高熱を出し、ひや水がほしいというので、自分が井戸水を扱みに出ようとすると、父は自分を子供のころと同じに思い、「井戸に落ちないように」などといたわる。それを聞きつけた継母は、「お前のボンクラ息子がそんなに可愛いいか」とカットなりすごい形相をして、あわや大蛇にもなりそうであった。というものである。

なお、本文、末尾近く継母の言に出てくる「たからむすこ」を、「一茶全集第五巻」一〇二頁の注では「秘蔵息子」としているが誤りと断定してよい。この場合の「たから」は逆説的に、「どうしようもない馬鹿な」という意味の方言である。「たから兄《あん》にゃ」とか「たから弟《おん》ちゃ」とも用いる。本文の解釈でも「秘蔵息子をそれほどまでに愛されるのですか」では、当然のことを言ったまでで意味をなさない。

さて、以上のように被相続人が生存中から紛争の筋書きが書かれ始めていたわけであるから死亡の後は、もちろんただでは収まらない。五月二〇日の朝方に一茶の父は死亡する。二二日が葬儀で、二八日が初七日であったが、ここで早くも遺産紛争が火を噴く。当日の「日記」によると、「物欲満々の継母や仙六は父の遺言どおりに事を運ぶ輩《やから》では決してない。ここで顔を赤くして争うのもどうかと思うので、行方定めぬ俳人に立ち戻ろう。そうは言っても、何も言わないでいるのも父の遺言があるのにそれに反することになるので、その実行を迫った。これに対して相手方は、遺言は守るというので、あとは本家の小林弥市の言うにまかせてその日はそれで終りにした」とある。当日の交渉には小林弥市も出席していたらしい。

この日から次にお目にかける一回目の示談(調停)成立まで七年を要している。そしてこの間、一茶は、父や祖母の法要の時を含め四回ほど帰省してその都度遺産分割の協議を続行継続しているのである。

取極一札之事

一　親遺言に付き配分田畑屋鋪左之通
一　名所左助沢

田弐百苅高壱石四斗五升四合
同所畑高三斗九升二合田成
一　名所中島
田百苅高弐斗弐升八合
同所畑弐丁半鋤高七斗弐升八合
一　名所五輪堂
畑三丁半鋤高八斗三升七合五勺
一　山三ケ所但し中山弐割
作右衛門山壱ケ所
右弥太郎分
外家屋鋪半分但し南の方
世帯道具壱通
外夜具壱通
右の通り引き分け双方とも申し分御座なく候右に付き当辰のとし得米にて当年米穀　塩　味噌　薪
年貢　夫銭　高掛など差引き　巨細勘定仕り差引き過不足急度算用仕るべく候
右の趣き村役人並びに親類立合ひ相済み候上は双方共已来彼是むつかしき儀申すまじく候然る上は、

兄弟、親類ともむつまじく仕り百姓相続仕り申すべく候もし異変申す者これあり候はば村役人急度取り計らひ相背き申すまじく候よって取替のため証文件のごとし

文化五年辰年十一月二十四日

柏原村百姓　弥兵衛　印
同人兄　弥太郎　印
同人親類　弥　市　印

当村御役人中

これが村役人の立会いを含めて成立した遺産分割協議書である。現在家庭裁判所で行われている調停と引きくらべてみよう。

第一項は、遺言（書）の確認と具体的分割をすることを定めている。父の遺言はいわゆる抽象的割合による相続分の指定（民法九〇二条）である。当時、庶民（農・工・商）の職業、あるいは同一職業でも地域により、相続分の割合は慣習が違っていたと思われるが、遺言が最優先とされていた。この遺言は、一茶（弥太郎）、仙六（弥兵衛）各二分の一の抽象的割合による相続分の指定で、それによった具体的分割が次項以下で行われている。仙六（弥兵衛分）の記載がないが、これはもちろん残り全部ということを前提としている。終りに「双方共已来彼是むつかしき儀申すまじく候」とあるのは、今にいう

ところの清算条項で、この条項ですべて遺産の整理が終ったのだから互に今後何の請求もしないという意味である。

この清算条項で隠れた大きな事実がある。実は父弥五兵衛は、いわゆる本百姓であったということで、この条項の中で「年貢」という文字が見える。年貢を納めるのは、検地がなされ検地帳（水帳・竿入帳・縄打帳ともいう）に登載されている田を所有する百姓に限られ、これを領主との関係で公式に本百姓と言ったので、水呑み百姓と対比されている（「本百姓」については木村礎「近世の村」教育社一二四頁以下に詳しい）。そうして、一茶が一四歳（故郷を出た前年）のときの弥五兵衛の所有田の持高は、三・七一石であり、同人の死亡時前年のそれは、七・〇九石であって二倍近くに増加している。この事実をどう考えるか。前者の年がとくに不作で、後者の年が特段の豊作でもないとすれば、父の働きは当然としても、その増加に継母おさつと義弟仙六の労務提供による寄与がなかったとは言えまい。二人とも現行民法にいうところの特別の寄与分に当たる事実を主張したはずである。しかし、この協議ではそれが認められていない。また、かりに今後の請求を放棄したのであったとしてもいずれにしてもそれは遺言による相続が基本であったからであると思われる。現在においても遺言がある限り、遺留分減殺請求の調停において、相手が譲歩するならば格別であるが寄与分は認められることはないのである。もちろん一茶の死亡直前の看護などは、本人も寄与を主張しなかったことであろうが、主張したとしてもその程度のものでは現在においても当然特別の寄与に当たらない。

なお、付言するとこの遺産分割の持高が、七・〇九石の状態で分割が行われたということが問題である。

幕府は貢租負担能力を農民に維持確保させるため、その直轄地についてはじめ、持高二〇石以下の名主、一〇石以下の百姓に対し、その子らへの分地を停止し、のち、これを留保高、分与高とも一〇石、地積一町歩以上とし、それ未満の農地、持高の百姓には農地の分地相続を停止した。このことによって耕地の細分化を防止し、再生産を可能とし幕府の経済体制の根幹を維持すべく触れを何度か出している。この停止令をもって農民の生活保護を図ったものとか、次男以下にも分与すると武家奉公人が不足するのを防止したとか言うのは当たらない。各藩ともこれにならってそれぞれ分地停止や制限を定めているがかなり厳しいものも見られると同時に停止や制限のなかった藩もあるようである。

しかし、その後、新田の開発が農村人口の増加に追い付かなかったことから、それらの定めが緩和されたというより農民の実態に合わなくなり次第に無視されていった。一茶の故郷柏原でもすでにそのような状況にあったと思われる。

三田村鳶魚氏によれば、おろか者を意味する「タワケ者」とは、この田の分地零細化を行った者の意から出たとされる。

また、「質入れ」（金銭を借りるとき農地を貸主に質に入れて、貸主に耕作させる）、や「書入れ」（現在の抵当権設定と同じようなもので借主が自ら耕作を続ける）が行われており、いずれの場合も期限がきても返済できなかったときは所有権が貸主に移転した。そこで、売買などの実態を隠して「質入れ」、「書入れ」を仮装した所有権移転が行われていた。

ところでさきにみた「取極一札之事」のうち、「外家屋敷半分　但し南の方」が見事に実行されたことは、信州水内郡柳原庄太田郷柏原宿屋敷間数改繪圖というものが残っており、表口九間三尺八寸の土地がきれいに二等分された絵図を見ることができる（他にも二戸ほど分割されたらしいところもある）。その写真は、新潮古典アルバム21「与謝蕪村《よさぶそん》・小林一茶《こばやしいっさ》」に現在する「取極一札之事」と、次の「熟談書付之書」などとともに登載されている。

ところで、双方の争いは、これですべて終ったのではなかった。被相続人である父弥五兵衛の死亡、すなわち相続開始と同時に遺産の半分が一茶に帰属したものであるところ、分割に至るまでの田畑からの収穫収入はどうしてくれるのか（今でいう天然果実ないしは法定果実＝民法八八条）、それに家・屋敷の二分の一を仙六が使用していたのだから、その分の家賃も支払え（現行民法七〇三条の不当利得の返還請求）。というのが一茶の申し分である。この件は、一茶の実母くにの実家の宮沢徳左衛門なる人物（一茶の叔父かいとこか）の入れ知恵ではないかと言われているが、有力な黒幕が存在していたのである。（このような黒幕の存在を無視する今の家庭裁判所の取扱いと当時は異っているようである）一茶は、果実とその利息及び不当利得金とその支払までの損害金合計三〇両を請求した。この問題は実は、文化五年の遺産分割時からすでに話し合われていて、話がつかないので、分離して協議を続行していたものである。「取極一札之事」や次の「熟談書付の事」に出てくる「引き分」の語は純然たる遺産分割のことだけを意味し、この果実の件は現在、「遺産に関する紛争」と呼ばれている調停事件なのである。では成立したその条項を掲げる。

熟談　書付の事

弥太郎申し立ての趣

享和元酉年親弥五兵衛死去の節遺言にて田畑屋敷山林譲り請けその砌早速引き分け申すべく候とこころかれこれ延引し去る文化五辰年引き分け相済み申し候然る所酉より卯まで七ケ年の間田畑得米弟専六方に取り込み置き候分このたび元利共に受取申したき段ならびに酉年以来、弥太郎分、家屋敷も専六住まひ致し候に付き右家賃も受取り申したしと申す

右に付き拙者共立入り双方熟談の上取り究めの趣左の通り

一　右、得米代金家賃等諸事弥太郎申し立ての趣、至極尤もの筋にこれ有り金高も過分の儀に候へ共数年延ばし置きこのたび勘定致し候へば専六の家の相続も相成り難き儀に付き立入人共より達て相詫び得米代金家賃などの分として金拾壱両弐歩専六よりさし出ださせ弥太郎に相渡しこれにて万事相済ましくれ候様相談に及び候処熟談得心の上慥に受取申し候然る上は向後何にても弥太郎より勘定の掛合決してこれ無く候

一　家屋敷家財等先達て議定書き付けの通りこのたび引き分け相済まし候間以来双方睦まじく渡世致し申すべく候。

右の通り双方熟談にて相済み候上は、重ねて申し分決してこれなく候
万一異変《いへん》の儀もこれあり候はば加判《かはん》の者、きっと埒明《らちあけ》申すべく候
後日のため乃って件の如し

文化十酉　正月

弥太郎㊞
二之倉　徳左衛門㊞
専六改名　弥兵衛㊞
親類　弥市㊞
立入人　銀蔵㊞

つまり、前の成立した条項の清算条項は、果実や不当利得は範疇外で、分割そのものだけを内包していたということになる。そして双方話し合った結果、三〇両の要求は、一一両二歩と定まり、調停の席上即時支払いを終えた上、例のとおり清算条項を付して阿仏の事件には及ばないが、一三年間にわたる紛争がやっと結着したのである。末尾の署名で、弥太郎、弥兵衛は、当事者本人たちであるが、二之倉（仁之倉ともいう。地名）徳左衛門は、一茶の黒幕、さきにあげた宮沢氏であり、親類の弥市

は、仙六、一茶の居宅の真向いに居を構えていた本家である。立入人の銀蔵とある人物は、村役人か。「立入人」とは聞きなれない語であるが単なる立会人とは異る響きがあり、調停に一役買ったものであろうか。

いかに、他人のあと押しがあったとは言え、一茶のアコギさは拭うべくもないのであるが、家賃の半額分の請求について言うと、現在では、相続の開始時から遺産分割終了時までのものは請求できないとの判例がある。だが、その後のもの、本件でいうと、文化五年一一月の取極め（遺産分割）以降の分は請求できることになる。つまり、この「熟談書付の事」とは異なる取扱いとなる。

その判例要旨を掲げておく。

共同相続人の一人が相続開始前から被相続人の許諾を得て遺産である建物において被相続人と同居してきたときは、特段の事情のない限り、被相続人と右の相続人との間において、右建物について相続開始時を始期とし、遺産分割時を終期とする使用貸借契約が成立していたものと推認される。

（最高裁第三小法廷平成八年一二月一七日判決）

かようにして、柏原の生家を仙六と二分して住んで間もなくの一茶の句が、

是《コレ》がまあつひの栖《スミカ》か雪五尺

これでは私はどうしても彼を好きになれないのである。

仙六や継母のおさつは、一茶のような相手攻撃の武器、すなわち、後世に残るような文筆を用いる

ことができなかったのであるから哀れというほかはない。

そうしてもなお一茶は、晩年になってからも継母への怨念を捨て切れなかった。彼が五十七歳(一八一九年)の元旦から年末までの一年間の俳文俳句集「おらが春」からその怨念のあからさまな部分を掲げる。

親のない子はどこでも知れる、爪を咥《クワ》へて門《カド》に立《タツ》。と子どもらに唄《ウタ》はるるも心細く、大かたの人交《マジハ》りもせずして、うらの畠《ハタケ》に木萱《カヤ》など積みたる片陰に跼《セグクマ》りて長の日をくらしぬ。我身ながらも哀《アハレ》也けり。

我と来て遊べや親のない雀　　六才弥太郎

「六才弥太郎」とあるが、一茶が六歳のときの作品ということではない。六歳のころを追憶しての作品である。ここに至っても怨念と裏腹に同情を求める彼の姿勢は変っていない。これまた哀れむべきであろうか。

一茶の遺産分割交渉一覧

西暦	月	一茶年齢	事　　　項
1801	5	39	父弥五兵衛死亡。初7日に遺言を持出す。
1806	6	44	父の7回忌法要。帰省して遺産の分割交渉。
	11	44	帰省して遺産分割交渉。
1808	7	46	祖母33回忌法要。帰省して遺産分割交渉。
	11	46	「取極一札之事」作成。遺産分割成立。
1809	4	47	帰省して遺産果実の件交渉。
1810	5	48	帰省して遺産果実の件交渉。
1812	6	50	帰省して遺産果実の件交渉。
	11	50	帰省して遺産果実の件交渉。
1813	1	51	「熟談書付の事」作成。遺産果実などについて調停成立。

一三　常山紀談

この章の五の「十六夜日記」の項で、為相の悔返状を述べた。そこで、その花押の乱れについて言及した。その花押と遺言書の関係に随筆「常山紀談」が触れている。

○清正の花押《かきはん》筆画多かりし事

朝鮮より諸将連判の書を太閤に奉る時、清正の花押《かきはん》殊《こと》に筆画かさなり、ややひまいりしかば、福嶋正則冷笑《あざわら》ひて、病重くなりて遺言《ゆゐごん》の時の状あしからん、といはれしに、清正、我はさは存ぜず。戦場に屍《かばね》をさらすとも、きたなく逃げて褥《しとね》の上に死《しな》んとは思ひ設《まう》けず候。されば遺言状何かし候べき、と答えられしかば、正則詞《ことば》なかりけり。

（森銑三校訂「常山紀談」巻之十岩波文庫二六七頁）。

というのであるが、大意は、朝鮮の役で、諸将が秀吉に連判した書面を差し出すことになった。そのとき、加藤清正の花押がとくに画数が多くて、時間がかかったので見ていた福嶋正則があざ笑って、病気が重くなって遺言をするときそれでは間に合わんだろうと言った。清正は答えて、自分はそうではない。戦の場で死かばねとなってもいいから、きたなく逃げ帰り布団の上で死のうなどとは考えていないのだ。だから遺言状などは関係ない。と答えたので正則は言葉を失ったというのである。

「常山紀談」は、湯浅元禎（常山と号す。一七〇六―一七八一）が多年にわたり書きついだものであるが、刊行は、大部であったことから遅れて没後、文化、文政ころとされている。内容は、戦国時代からの武士の逸話を集積したもので、面白い読物である。

さて、「花押」とはどういうものをいうのかというと、もとは署押と言い、花書とも言うが要するに「書いた判」を花のようにきれいに書いてあるので、そのように言うのである。もともと姓でなく名の方を草書風に書いてさらに図案化したものであるから、花押の上には官職もしくは姓だけを書いたものである（十六夜日記の頃の裁許状の末尾には、官職姓のみで名の記載はない。すなわち、相模守平朝臣花押」とある）。名まで記載するのは本来誤りということになる（荻生徂徠「南留別志」日本随筆大成第二期15四頁）。しかし、荻野三千彦氏が説くように（「印章」吉川弘文館三三一頁、三四一頁以下）そう簡単には説明できない。花押が名の草書体から変化したものばかりでなく、鳥、亀、龍などを模様化したものなども時代をくだるにつれて出てきているからである。さらには、花押の版刻が室町時代からかなり普及し、普通の印と同じに用いられていた。

現在も印が偽造かどうか自筆遺言書でも争われることがあるが、鎌倉時代に花押が名義人本人が書いたものかどうか争われた事案がある。この訴訟では今日の鑑定とも言うべき「類判」の「比校《ひきょう》」ということが行われている。謀書の重い刑のことについては、御成敗式目第十五条に定められているのであるが、鎌倉幕府では特に謀判については刑を定めていない。このことについて石井良助博士は「印判の歴史」明石書店刊九五頁で、それは謀書の一部として考えられていたものであろうと言っておられる。

花押は、現在も、大臣や、諸官庁高官あるいは会社重役の一部でも用いられているようであるが、ではかつてのごとくにわれわれが花押を自筆遺言書で用いたとしよう。それは、民法で自筆遺言書の有効要件としている「押印」に当たるかという問題がある。また「花押の版刻」を用いた場合はどうか。後者は恐らく有効と思われる。最高裁の平成元年二月一六日の判決は、自筆遺言書に押印を要求する趣旨を⑴遺言者の同一性、⑵真意の確保、⑶文書の完成の担保と三つ挙げているが、すべてを充足すると思われるからである。偽造は自筆の花押よりもむつかしいと思われ、⑴、⑵、⑶すべての要件を満たすと考える。

篆刻家石井雙石は、花押印についてその著柏林社書店刊「篆刻指南一六一頁以下に「花押印は宗に始まって元に盛である。姓名を花書キして印に刻し以て私記とするので人が模倣《もほう》することの出来ない様にしたのだ。これも亦信を徴する訳である。宗代の押印は大抵は一字であるが元代は長方形で上に楷書の姓を刻し下に花押を刻する。」と説明される（なお、鄧散木―高畑常信訳「篆刻の歴史と技法」木耳社刊八九頁以下同旨。同書は「署押印」とする）。篆刻の専門家の意見として私の考え方の裏打ちとなるであろう。石井氏の前掲書に載せてある挿図には双鉤塡墨《そうこうてんぼく》形式のものはないが、通常の花押印と同じことである。また、肉筆の花押についても遺言者がその花押を常用していることが確認されるならば有効としてよいと思われる。個性的であるからという理由で有効とする説に、中川善之助＝泉久雄「相続法」有斐閣四八三頁がある。蕪山巌外「遺言法大系」西神田編集室一四六頁は、この点について態度が明らかでない。

この項の終りに、さきに「十六夜日記」であげた大変な労作「鎌倉幕府裁許状集」（上・下）をまとめられた瀬野精一郎博士が紹介されている花押の話をひとつ。

豊後（大分）の戦国大名大友宗麟（一五三〇—一五八七年）と言えば、キリスト教を熱心に信じる一方、戦闘に明け暮れた武将である。その彼が四五、六歳のころ人に宛てた書簡で、「おって、老眼の条《すじ》あり印判を用い候、存知為され候」と追って書きをした上で署名し、朱印（「非」の一文字を刻したもので姓、名の印でない）を押捺しているものがある。つまり、自分は老眼になり花押が書きづらくなったから印判で代用するから承知してくれと、言いわけを述べているのであって、これをみてもその当時は、印よりも花押が正式のものとして使用されていたことがわかるのである（瀬野精一郎「歴史の陥穽」吉川弘文館一四五頁より要旨抄出）。

一四　エセー（随想録）

「ク＝セ＝ジュ」、自分は何を知っているというのか？　なんという自省を促す言葉であろうか。その響きの重さはこの小さな私らの上に思いきりのしかかってくる。「エセー」の著者モンテーニュ（一五三五―一五九二）は、その言葉を四一歳になった誕生日に造らせた銅メダルの裏面にバランスをとった天秤のはかりを描いて、その周囲にギリシャ語で「私は判断を停止する」という言葉で囲んだ。その言葉を彼がフランス語で「ク＝セ＝ジュ」と訳したのである。

「エセー」はその原義のとおり、執筆自体彼自身の生の吟味であり、自己との対話でありその描写でもあったから彼が死ぬまで常に加筆し、修正が続けられていたものである。その生涯の内面については、堀田善衛著「ミシェル城館の人」（三部作）集英社刊が余すところがない。なお、こころみに、彼の思想に影響を与えた人を筑摩書房世界古典文学全集38「モンテーニュⅡ」の人名・地名索引の多さから探ってみると、アリストテレス、カエザル、キケロ、ソクラテス、プラトン（最多）、プルタルコスらである。

では、モンテーニュは、遺産と、その分割についてどのように考えたか、前掲全集37原二郎訳でみることにするが（二八三頁以下）長文であるので、途中若年省略する。

一般に、死後の残産のもっとも健全な分配法は、これを国の習慣に従って分けることだと思います。法律はこれについてわれわれよりもよく考えています。ですから、でたらめにわれわれの判断に任せて間違うよりは、法律の判断に任せて間違うほうがましなのです。財産は本当を言うと、われわれのものではありません。なぜなら、法律の規定によって、われわれとは関係なく、一定の相続人に与えられるからです。…(中略)…私は、どんなに長い間よくつくしてやっても、それが暇つぶしにしかならないような人々を見ています。そういう人々から、たった一言でも悪く取られたら最後、十年の功もいっぺんに消えてしまいます。こんな人たちの臨終に居合わせてうまく取り入った者こそ仕合せです。最後にいちばん近い行為が勝つのです。常日頃、一生懸命に、しじゅうつくしてやった親切ではなく、いちばん新しい、目の前の親切が効き目をあらわすのです。この人たちは自分の遺言を、りんごか鞭のようにもてあそび、相続権を主張する者が何かの行為をするたびに、誉めたり罰したりする道具に使います。これは、あまりにも後の影響が大きく、あまりにも重大な事柄ですから、そんなにしょっちゅう持ち出すべきものではありません。ですから賢い人は、それについては、理性と一般の習慣とを考慮して、一ぺんで、はっきりと自分の態度を決定します。…(中略)…プラトンの中の立法者がその市民と交わした面白い対話はこの箇所に一段と光栄を添えてくれるでしょう。市民たちは死が近いのを知って言いました。「どうしてわれわれは、自分自身のものを、自分の好きな人たちに分けてやれないのか。おお、神よ、身内の者たちがわれわれの病気や老齢や仕事につくしてくれたことに応じて、われわれの思うとおりに彼らに多く与えたり少なく与えたりすることが許されないとは何とむごいことであろう。」これに対して立法者はこんなふうに答えます。「諸君、きみたちは間もなく死なねばならないのだが、あのデルフォイの神殿に刻まれている文句のとおり、きみたち自身を知り、きみたちに属しているものと知ることはむずかしいのだ。立法者たる私は、きみたちもきみたちのものではなく、きみたちが享有しているものもきみたちのものではないと考える。きみたちの財産ときみたちは、過去未来にわたって、きみたちの家族に属している。だがそれ以上に、きみたちの家族ときみたちの財産は国家に属している。それゆえに、きみたちが年老いるか、病気になるかしたとき、誰か諛《へつら》う者や何かの感情が、不都合にもきみたちに、不正な遺言を書くようにそそのかすときに、私はそのことからきみたちを守ってやるのだ。しかし、国家全体の利益と、きみたち家族の利益とを大事に考えているから、私は法律をつくって、当然のことながら、個人の幸福は公共の幸福に譲るべきだということを悟らせてやるのだ。さあ、安心して、喜んで、人間性の必然がきみたちを呼んでいるところへ行き給え。きみたちが残してゆくものの世話をするのは、すべてを一様に見渡し、できる限り全体に気をくばるこの私のする仕事なのだ。」

モンテーニュは、まず、遺産について本質はもともと各個人に帰属していないものであるし、かつ、個人の判断で分配方法を誤るよりは、法がきめているならその相続分に従った方がまだましで健全であると述べ、個人の判断を誤る例として遺言をあげて説明する。遺言者をだまそうとする者、それを逆に利用する遺言者。モンテーニュは、遺言制度を有意義とはしていない。まさに大陸法そのものに則した意見とみることができる。だが、モンテーニュの事実を見る目はたしかである。

被相続人が持っている財産を相続人らにチラつかせながらアメとムチを使い分けることを書いてい

る。このようなことは現代の我が国ではあまり見られないが、ディケンズの「大いなる遺産」でも見られ、モンテーニュの時代では比較的年令の若いときに遺言することが多かったために財産を利用した人の心の操縦が罪悪感をそれほど伴はず行われていたものと思われる。

モンテーニュが同時に触れているように、現在のわれわれの周辺で、被相続人の老い先が短いときなどは、被相続人と同居していた者の勝ちということがよく見られる情景である。老いて病床などにある者の心情を捉えて同居の相続人が自筆の遺言書を自己に有利に書かせることなど通常行われているることである。また、公正証書による遺言も同居者によって有利に作られていることも事実である。公正証書遺言の作成には証人が二人必要であるが、同居者がその証人二人を送り込むのである。そのような証人の控えているところでは、たとえ遺言者が同居者の意図に反する考えを持っていたとしてもそれは口に出せないはずである。なにしろ今後も生活の面倒をみてもらわねばならないのだから。

次に、モンテーニュは、プラトンの晩年の著作「法律」から『デルフォイの神殿に刻まれた「汝自身を知れ」の言葉のとおり自らを知らない者が多いのだから遺言制度は不要である。遺産は立法者が誤りなく処置してやるから、安んじてあの世へ旅立つがよかろう』という部分を引用している。

このモンテーニュの記述は、実は相続法の歴史の大きな流れに言及しているのである。中川善之助教授は、エドワルド・ガンスが、「ローマの歴史は法定相続と遺言相続の闘争史である」と述べたことを紹介している（中川善之助・泉久雄有斐閣法律学全集「相続法」三版一六頁）が、ギリシャ時代からその両者のいずれをとるか、どこで折合いをつけるか論争のあったことは本章冒頭の「ソロン」でみたとおりなのである。現代では世界各国ともほぼ自由相続主義（遺言相続主義がその根幹を形づくる）が法定相続主義を圧倒するに至ったが、モンテーニュの一六世紀には、いまだ二つの考え方が大陸では拮抗《きっこう》していたということを「エセー」は示していると言えよう。

だが、法定相続主義の根幹をなす血族集団の将来にわたる維持という制約が、集団結束の弱体化と、個人の自由の拡張から自由相続主義に移って解かれたとは言え、わが民法にはいまだその残りカスともいうものが二つ残っている。ひとつは、「ソロン」でもみた遺留分制度で、家産という考え方から残っているのである。われわれは、最終的には自己の財産の二分の一しか自由に処分できない。もうひとつは、民法九〇五条一項に定める相続人の取戻権といわれるもので、共同相続人の一人が、遺産の分割前に自分の相続分を第三者に譲渡した場合、他の相続人がその売却価額などを償還することによって右の相続分を取り戻すことができるという権利で、これは取引きの安全以上にやはり家産の確保をまず優先させたものと言えるのである。ただし、同条二項は、取引きの安全と妥協して、その権利は、譲渡の時から（譲渡の通知を受けた時からという考え方もある）一箇月以内に行使しなければならないとしている。

一五　ゴリオ爺さん

「ゴリオ爺さん」は、バルザック（一七九九―一八五〇）が、生きた時代をほぼ同時代にとった作品で、父親が娘二人を盲愛したことから蓄えた資産や公債の金利まで二人にむしりとられ、ほとんど無一文になり、しかも娘たちを訪問しても客扱いを拒まれるほどの窮乏の果てに死亡する物語りを横糸にして構成し、表面はリヤ王とほぼ同一のテーマで貫かれているように見える。縦糸は、まじめではあるが、出世欲の旺盛な法学生ウージェーヌ・ド・ラスティニャック青年を配してフランス革命直後の拝金思想のはびこるパリー社会への痛烈な批判を行っている。現代日本を見る思いのするのは私一人ではあるまい。

話の筋は、マカロニ造りなど製麵業で金持ちになったゴリオ（のち、軽侮の意味でゴリオ爺さんと呼ばれる）は、仕事をやめ、下宿ボォケー館に住んでいる。その二人の娘は美貌のゆえと、持参金の多さで、どちらも金持ちの貴族と結婚し、夫たちはそれぞれ五、六万フラン（一フランは、鹿島茂氏によると一九九九年のレートに換算すると約一、〇〇〇円）もの年収のある男たちであるが、家産の維持の必要などから妻たちの出費に厳しいどころか彼女らの持参金（それぞれ七〇万フラン）にも手をつける始末であった。ゴリオは、はじめ下宿代年額一、二〇〇フランの二階に陣取って上等のワイシャツにタイピンはダイヤ、金時計に金の煙草入れ、食器も素晴らしい銀製であった。それが三年目に入ると、二階か

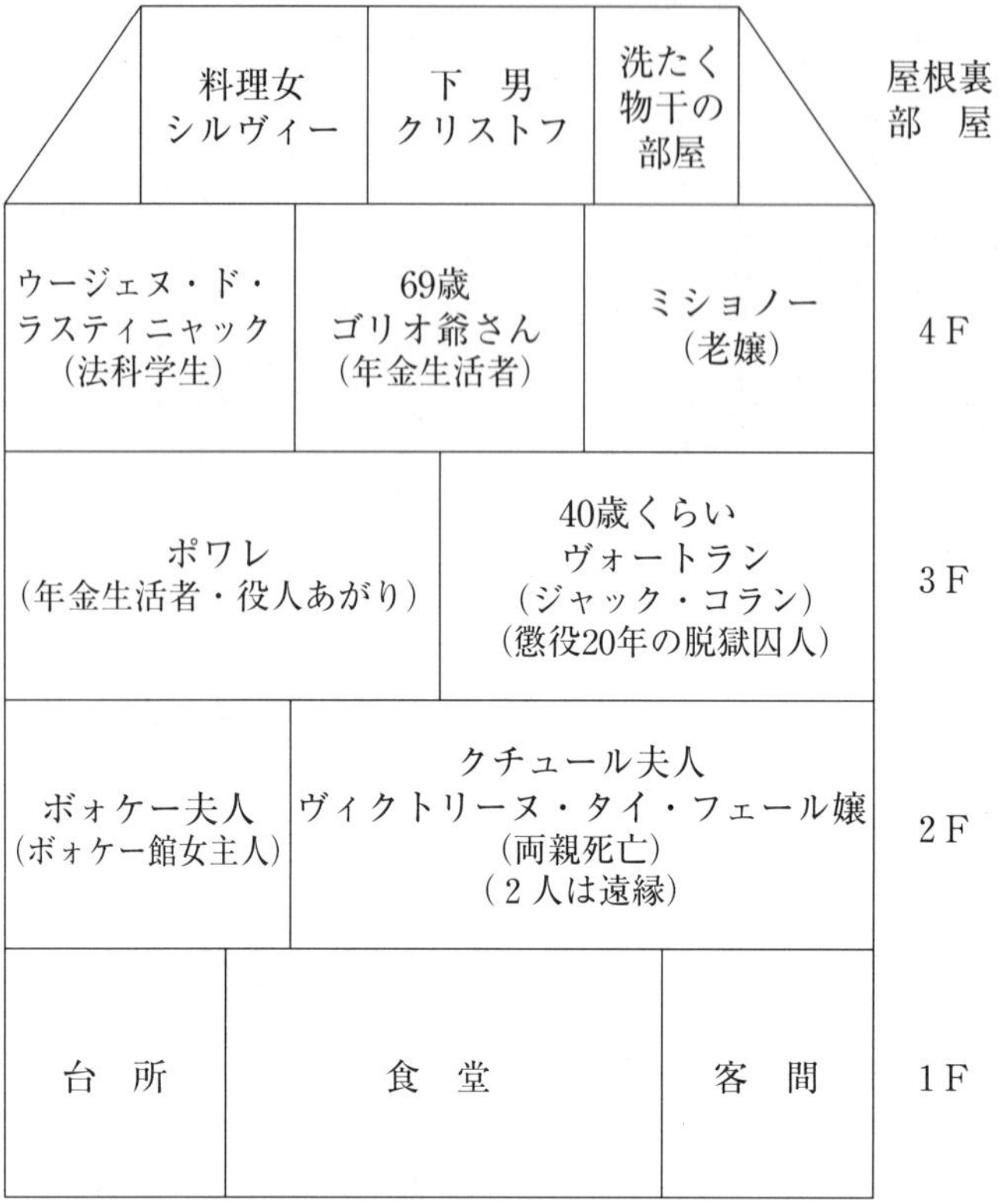
料理女
シルヴィー
下　男
クリストフ
洗たく
物干の
部屋
屋根裏
部　屋
ウージェヌ・ド・
ラスティニャック
(法科学生)
69歳
ゴリオ爺さん
(年金生活者)
ミショノー
(老嬢)
4 F
ポワレ
(年金生活者・役人あがり)
40歳くらい
ヴォートラン
(ジャック・コラン)
(懲役20年の脱獄囚人)
3 F
ボォケー夫人
(ボォケー館女主人)
クチュール夫人
ヴィクトリーヌ・タイ・フェール嬢
(両親死亡)
(２人は遠縁)
2 F
台　所
食　堂
客　間
1 F

下宿ボォケー館　部屋割想像図

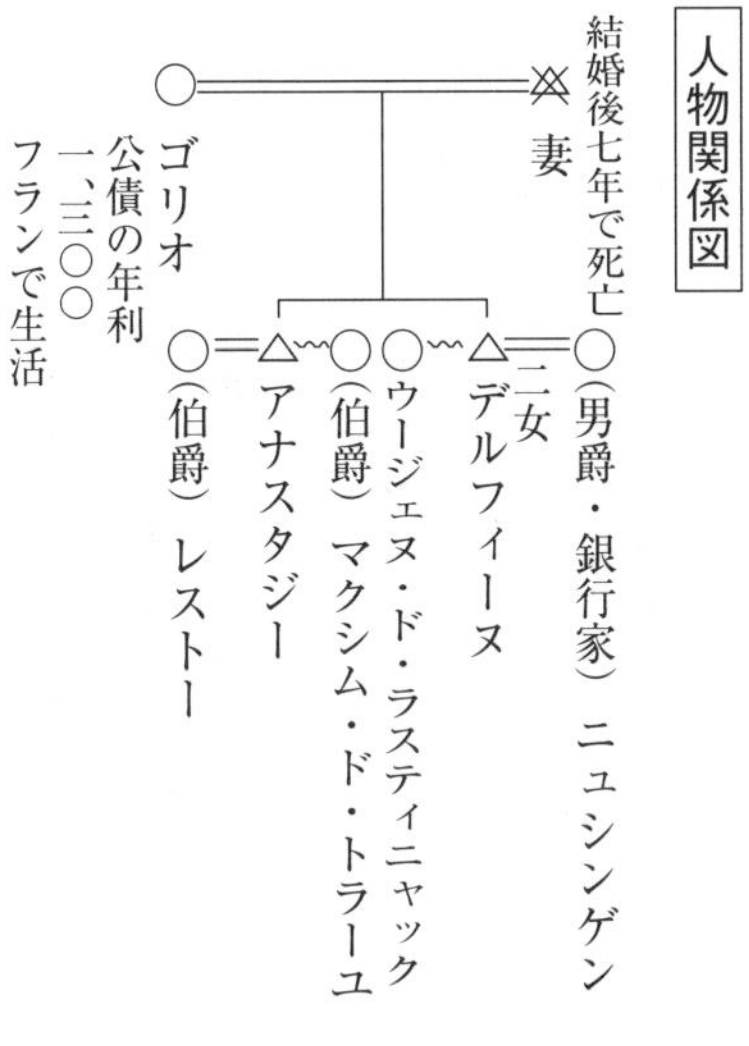

ら三階の下宿代年額九〇〇フランの部屋に替り、四年目には四階の年額五四〇フランの安部屋に移っている。ヴォケー館の他の下宿人たち(七人いる)は、ゴリオの周りから次々と金目のものがなくなり、窮乏してゆく有様をみて、それまで時々ゴリオのところに姿を見せていた娘たちをゴリオの女と思い、それに貢いでいるのか、あるいは、賭博に手を出しているからではないかなどと噂している。しかし、事実は、ゴリオは二人の娘の歓心をつなぎとめるために、その全財産を吐き出してしまっていたのである。そしてゴリオは、病に倒れ、そのことを知ったにもかかわらず、妹は舞踏会の遊びを優先させ、姉はゴリオの死が迫っていることを聞きながら夫の借金を返済させるため、重病のゴリオを外出させている。その上、ゴリオの臨終に立ち会うことさえ、夫との関係悪化を理

由に逡巡して来ようとしないのである。結局、姉娘は、臨終間近となって意識のなくなったゴリオに会えたが、妹の方は臨終に現れず、しかも二人とも葬儀には姿を見せることはなかったのである。そういう娘たちにさえ最後の別れをしたいと青年ラスティニャックにゴリオはかきくどく。

そのせりふを「ゴリオ爺《じい》さん」平岡篤頼訳の新潮文庫本（昭和四七年刊）から長文なので、抜萃してみる。なお、高山鉄男訳の岩波文庫版（一九九七年刊）、鹿島茂訳の藤原書店版（一九九九年刊）「ペール・ゴリオ」があるがいずれも流麗な訳である。ただし、鹿島氏のゴリオが自分のことをいうのに「あたし」という訳には賛成できない。

「あの子たちは来てくれると思うかね？クリストフは気がきかんからなあ、わしが自分で行くべきじゃったよ。あいつは娘たちに会えるんだ。ところであんた（注　ラスティニャック）は、昨日舞踏会に行ったんでしたな。娘たちはどんな様子だったか、話してくださらんか？　わしの病気のことは、何も知らなかったのでしょうな？　知ってたら、踊りなんかしなかったでしょうからな、かわいそうに！　ああ！　わしはもう病気なんかしておれん。娘たちはまだまだ、わしの助けが必要なんじゃ。あの子たちの財産は危殆《きたい》に瀕《ひん》しておる。そしてなんという亭主どもの餌食《えじき》になっていることか！（略）」（三五四頁）。

「ああ！　わしが金持だったら、わしの財産をとっておいて、娘たちにやらないでいたら、娘たちはここへ来て接吻《せっぷん》しながらわしの頬《ほお》をなめたことじゃろうに！（中略）だが何もない。金で何でも買えるんだ、自分の娘でも！　ああ！（略）」（三五六頁）。

「なんじゃと、澱粉だと？　とにかく何百万フランと儲かるんじゃ！　嘘を言うことにはならんのじゃから、何百万と言ってやってくだされ。そして欲得ずくで来たとしても、わしはだまされるほうがいいんじゃ、あの子たちに会えるからなあ。娘たちに会いたい！（略）」（三六一頁）。

「だが娘たちに会って、あの子たちの服にさわって、ああ！　服だけでいい、何でもないことじゃないか。娘たちの何かを感じたいのじゃよ！　髪にさわらせてくれ……髪……」（三六五頁）

そして、最後の言葉。

「ああ！　わしの天使たち！」（三七五頁）

こうして死亡したゴリオをとらえ、物語のテーマを「父性愛」とする考え方もあるが、私は、そうではないと思っている。金銭がすべてであるとして娘の愛情まで金で買えると信じた父、やはり金だけが全部であると行動している二人、そのいずれをも是認しようとしている当時の世相、社会の告発が真のテーマであろう。それは、リヤ王とゴリオの最後の言葉を比べることでもはっきりするであろう。

死んでゆくリヤ王の瞼には、コーデリヤの彼方に真実の光がはっきりと見えていたのだが、ゴリオの眼裏《まなうら》には二人の娘の姿（おそらくは可愛いい子供であったころの二人）の背後には何も見ることができなかったという悲哀がある。経済至上主義の現代日本に生きる老人たちは死に臨《のぞ》んでいったい何が見えるというのか。

さて、娘たちに与えた多額の持参金や、その後もたびたび金銭を与えたゴリオの行為は、明らかに生前贈与といわれているもので、二人の娘からみると、第一章の特別受益のところで述べた民法第九〇三条にいう婚姻のためと、生計の資本（これは当時としての話である）に当たるであろう。もし、現代このようなことが生じ、他に子がいたとしたら、かりに死亡時財産が多少残っていたとしても、二人の娘の遺産の分け前はないということになるだろう。

なお、ここで特別受益財産の持戻免除について少し触れておく。被相続人が持戻免除の意思を表示したとき（方式の定めはなく、黙示でもよい）は、遺留分の規定に反しない限り、これに従う（民法九〇三条三項）。これが聖書ルカ伝（一五11―32）に出てくる。

父がその子の兄弟二人に財産を生前贈与する。弟は遠国でその財産を蕩尽《とうじん》して家に帰ってくる。父は弟を許すが、兄は不満を言う。そのとき、父が兄をさとして言った言葉、

「子よ、汝はつねに我とともにあり、わが物は皆汝の物なり。されどこの汝の兄弟は死にてまた生き、失せてまた得られたれば、我らの楽しみ喜ぶは当然なり。」

このなかの「わが物は皆汝の物なり」は、さきの兄に与えた生前贈与もこれから与える物もすべて

持戻しの必要がないという父の意思を含んでいると考えられるのである。

さて、もとに戻る。ゴリオの二人の娘は贅沢《ぜいたく》のために、はじめは頻繁にゴリオのもとに訪れていた。その贅沢とは、主に夜々の社交界における舞踏会での浪費であったが、また、二人の夫が娘たちの持参金を勝手に流用したこともあったわけである。ブルボン王朝復活直後の当時の社会上層部の貴族とブルジョワジーは、その浪費に耐える必要からも、また、二男以下の子の家産分与、娘たちの持参金確保の上からも苦労しており、総領息子の結婚相手には多額の持参金付きの娘をねらっていた。その一方、年頃の女性が溢れてくるというわけで、男女とも結婚はなかなかむつかしかったと言われている（当時の結婚事情についてはジョルジュ・ジュピー篠田勝英訳「中世の結婚」新評論に詳しい）。

このように当時、家産とその維持がいかに結婚と深く関《かか》わりを持っていたか、結婚が財産と財産との結婚のようなものであったか、女性の立場からもうひとつバルザックと同時代のイギリスでジェーン・オースティン（一七七五―一八一七）の「高慢と偏見」でみることにする。次いで、同時代のわが国でもやはり「家」ひいては先祖からの家格の維持のために養子縁組がいかに利用されていたか、男性の立場を「世事見聞録」と「甲子夜話」で明らかにしたい。

一六　高慢と偏見

「高慢と偏見」（または「自負と偏見」）の冒頭は、主人公（二女）エリザベスの母ベネット夫人が娘たち（主人公のほか長女ジェーン、三女メアリ、四女キャサリン、五女リディアの五人姉妹）のうち、長女を金持ちの青年ビングリーが近くに引越して来たのでその結婚相手にしたいと考えて夫ベネット氏に話かけているところから始まる。そして物語りは、ビングリーの友人でこれも裕福なダーシとエリザベスの交渉（ダーシーの自負心に対するエリザベスの誤解（のちに五女リディアの夫となるジョージ・ウイカムの逆恨みによる中傷もある）に基づく偏見が解かれてゆく心理的過程）を主軸に二組の結婚が成立して終る。この小説の凄さについては、夏目漱石が「AustenのPride and Prejudiceを草するとき年歯廿を超ゆること二三に過ぎず、しかも写実の泰斗として百代に君臨するに足る。」と絶讃した（「漱石全集第九巻」―岩波書店、昭和四一年版、三八一頁）とおり、二〇歳を超えたばかりで、人間を知り尽した心理描写の適格さと、構成力の緻密さは驚くべきものがある。だが、ここでは、富田彬訳「高慢と偏見」(上)・(下)岩波文庫から遺産面に関する部分だけを取り上げることにしたい。

(1)　冒頭のベネット夫人とその夫ベネット氏の会話（上掲書(上)一〇頁）

「ね、あなた、ロング夫人のお話では、ネザーフィールドを借りた方は、なんでも、イングランド北部のたいへんなお金持ちの青年なんだそうですよ。月曜に四頭立ての馬車で下見にきて、とても気にいって、さっそくモリス氏と話をきめてしまったんですって。（略）」

「名前はなんて人？」

「ビングリー」

「妻君があるの、独身なの？」

「あら！そりゃもう独身ですとも、あなた！　たんまり持った独身者で、年に四、五千ポンドの収入ですって。宅の娘《こ》たちには、この上なしじゃありませんか！」

(2)　ベネット氏の財産についての地の文（上掲書四七～四八頁）

ベネット氏の財産は、全部まとめても年収二千ポンドの地所だけだった。それも娘たちにはあいにくなことに男子相続人がないために、ある遠縁のものに限定相続させることになっていた（著者注、この遠縁のものというのは、ウィリアム・コリンズと言ってのちに近所の娘と結婚する）。

(3)　ウィリアム・コリンズがはじめに自分がベネット氏の財産（地所）を限定相続するのだから同氏の娘と結婚することはいいことではないかとエリザベスを口説く一場面（上掲書一七三頁）

「（略）僕は財産なんかなんとも思っていません。だから僕は、あなたのお父さまに対してもそういう性質の要求（著者注、持参金の要求をさす）はしないでしょう。要求してもお父さまが応ずることのできないことを僕はよく知っていますから。また、年四分利づきの一千ポンドが、あなたのものになるすべてで、それもあなたのお母さまがお亡くなりになるまでは、あなたのものにならないということも、よく知っているのですから。（略）」

(4)　前の場面の続き（上掲書一七六頁）

「（略）なるほどあなたにはいろいろの魅力はおありですが、しかし二度と結婚の申しこみをうけるこ

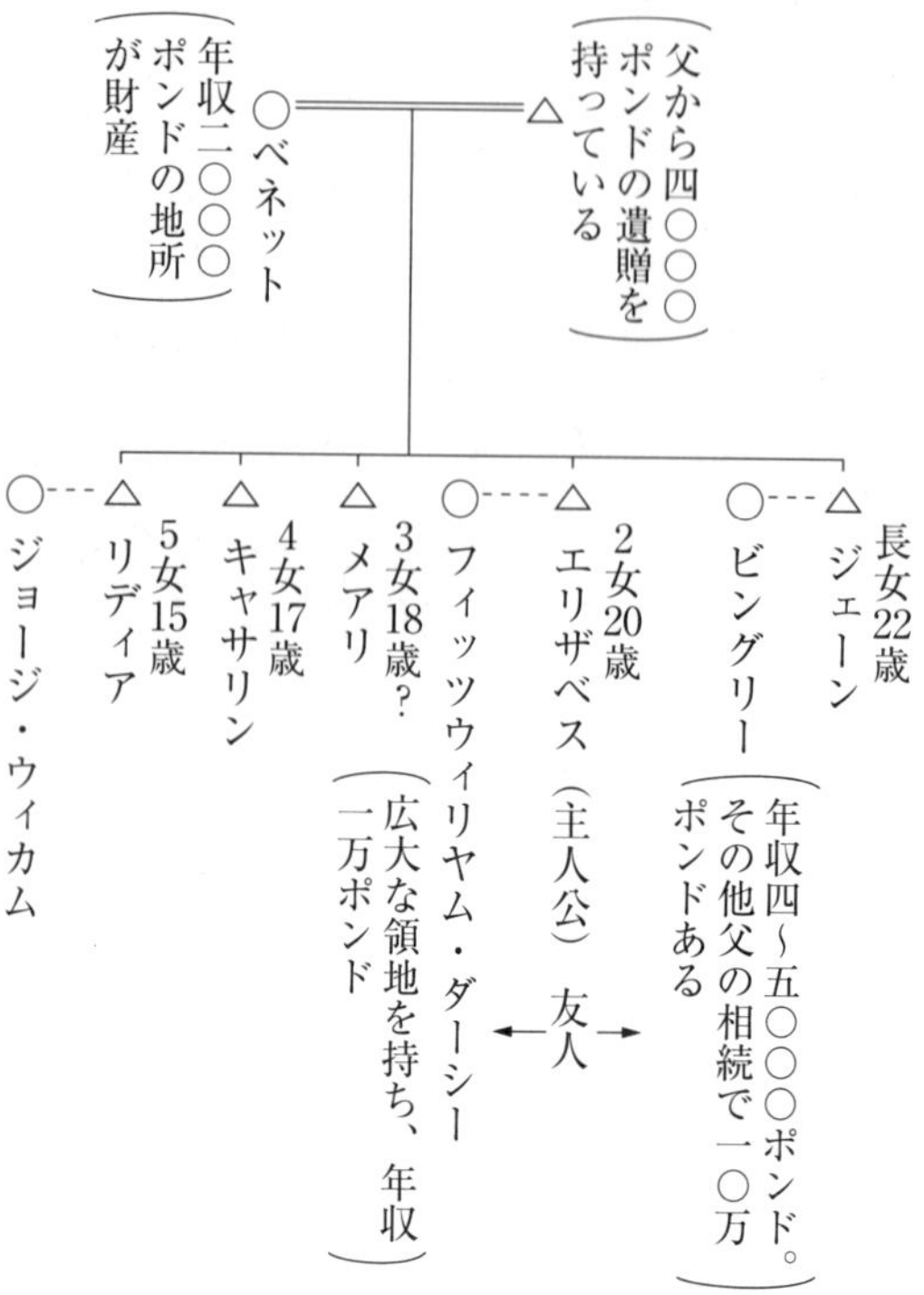
父から四〇〇〇ポンドの遺贈を持っている
ベネット
年収二〇〇〇ポンドの地所が財産
長女22歳
ジェーン
ビングリー
年収四～五〇〇〇ポンド。その他父の相続で一〇万ポンドある
2女20歳
エリザベス（主人公）
友人
フィッツウィリアム・ダーシー
広大な領地を持ち、年収一万ポンド
3女18歳？
メアリ
4女17歳
キャサリン
5女15歳
リディア
ジョージ・ウィカム

とがあるとはかぎっていないということです。あなたの持参金は不幸にもたいへんすくないのですから、あなたのせっかくの愛らしさも愛想のよい性質も、なんのかいもないことになるかもしれませんからね。（略）

(5)　ベネット夫人のベネット氏に向ってのベネット家の財産についての一言（上掲書㊦一二一頁）

「限定相続については、わたしちっとも感謝することなんかありません。自分の娘たちから土地をとりあげて、他人に限定相続させるなんて、かりにも良心のある人間にできることなんでしょうかね。

（略）」

(6)　ベネット氏の家産についての考え方の地の文（上掲書㊦一四四頁〜一四五頁）

ベネット氏が結婚した当初は、経済はまるで無用なことと考えられていた。それはもちろん、男の子が生れると思っていたからであった。その男の子が丁年（著者注、二〇歳）に達すれば、すぐに父ともどもに限定相続を廃するから、未亡人と下の方の子供たちは自然後顧のうれいがなくなるはずであった。五人の娘が続々とこの世の中へでてきたのであったが、それでもこのさきまだ男の子が生れるかもしれなかった。ベネット夫人は、リディアを生んでからも数年の間、かならず男の子が生まれるものと思っていた。このことは、とうとう諦めねばならなくなったが、その時はもう、節約しても追っつかなくなっていた。（略）結婚の約定で、ベネット夫人と子供たちには五千ポンド譲ることにきめられたのであったが、どういう割合でそれを子供に分配するかは、両親の意思一つによるのであった。

このほかにも、娘たちの結婚にからまる財産についてては物語りの随所に出てくるのであるが、これは、作者ジェーン・オースティンが特別に金銭に目が向いていたというわけでは決してない。彼女が、二〇歳を越したばかりの純粋な女性であったとしても当時としては、それが結婚に伴う考えとして極めて普通のものであったから、このような作品が生れたというべきである。当時はもちろん、女性が社会に出ても働く場は少なく、その教育にも重点が置かれることもなく、経済的に恵まれた結婚をすることが、よい結婚で、そのような相手を見つけることができるかどうかが女性の人生の別れ道ということであった。だから当時は計算抜きの結婚はなかったと言ってよく、中流以上の階層では親も娘も必死であった。これは子女の多い場合とくに生長に伴っての家産の分与（生前贈与）も当然に考慮に入れておかねばならないことであったから、大変なことであったわけで、とりわけ女の子の結婚は、相手探しの場として社交場に賭け、そこは相手の資産、収入の情報収集の重要な場であったのである。その情景がこの小説に生々《なまなま》と描写されている。

主人公であるエリザベスの父ベネット氏の年収は、不動産運用からの二千ポンドであるが、エリザベスの夫となるダーシーの年収は一万ポンドあり、長女のジェーンの相手となるピングリーの年収は四、五千ポンド、そのほかに彼が相続した資産は一〇万ポンドあり、当時の考え方としては、ベネット家にとって二人とも大変有利な結婚をしたことになる。

そこで、ベネット、ピングリ、ダーシーの三人がどれほどの土地（そのほとんどが農地であったと仮定する）を所有していたのか、年収から逆算してみる。講談社現代新書「イギリス貴族」の著者小林幸夫氏によると、一八七〇年代イギリスでは一〇〇〇〜三〇〇〇エーカーの地主は二五二九人、三〇〇〇エーカー以上の地主は一二八八人であり、農地貸しの収入は一エーカー（約〇・四一町）当たり年一ポンドであったという。そこから計算すると、ベネットは約八〇〇町歩、ピングリーは約二〇〇〇町歩、ダーシーは約四〇〇〇町歩を所有していたことになる。わが国の大地主で知られる酒田の本間家が江戸時代末期に約一二〇〇町歩を所有していたというからこれと比較しても英国の貴族達の富がいかに凄かったかを知ることができる。

なお、当時の一般労働者の平均年収は約一〇〇ポンド、インドの高等文官（多くは貴族の二、三男）の初任給は年収三〇〇ポンド以上であったと前掲書は紹介している。

わが国でも、もちろん、当時も持参金付きの花嫁は沢山あったわけであるが、逆に江戸時代、美貌の女性には縁談が降るほどあった者もいて、迎える側ですべての嫁入道具を用意して支度金を与え手ぶらで輿入れをさせたケースもあったという。これを「持参嫁」に対して「裸嫁」と言ったと伝えられている。渡辺伸一郎『江戸の女たちの湯浴み』新潮社選書、七三頁がそのことを次の川柳とともに紹介している。

はだか嫁もっとも豊後《ぶんご》名取也《なとりなり》

そのほかに

真裸《まっぱだか》顔の道具はよく揃ひ　　裸百貫は女も見事なり

金箔のつかぬは木地のいい娘　　支度金むさい畳へならべ立て

という川柳も残っており、これらも「裸嫁」を言ったものであろう。

ところで、さきに抄出した訳文の中で、(2)、(3)、(5)、(6)に「限定相続」という語が出てくるが、この語は、実は我が国の民法には見られない語である。このことについてはまた後に述べるが、まず訳文の「限定相続」とは、おそらくは当時の英法の限嗣不動産権と呼ばれるものではなかったかと想像される。小説に出る限定相続というのは、後嗣を特定した男子卑属（ベネット氏）に限定していたことを言っていると思われる。理由は、相続対象財産が不動産であること、男の子が生れ、その子が成人に達したときは、「限定相続」が効力を失うことが前掲訳文を綜合するとうかがえるからである。つまりベネット氏及びコリンズの父の被相続人がベネット氏に不動産を譲与したが、その条件は将来男の子が同氏にさずからず、あるいはさずかっても成人に達することがなかったら、その不動産は、被相続人に復帰しあらためてその土地を他の相続人の直系男子に相続させるということであったと思われるのである。その該当者がコリンズであったということである。

さて、この訳文に出た以上の「限定相続」に似た言葉でありながら、全く異なる概念の「限定承認」

という言葉がわが民法にある。『新法律学辞典〈第三版〉』（有斐閣）は、「限定相続」と「限定承認」と同じとするが、それは言語の定義の問題と、訳語の問題であるから傍に置いておく。

限定承認は、わが国においてかなり利用されている相続の形態であるのでここで若干説明すると、相続人が相続によって得た財産を責任の限度として被相続人の債務を負担することを留保した上で、相続の発生時から三箇月以内に相続の承認をするという一種の有限責任を認めた相続で、債権者は相続人の国有財産には手が及ばないのである。この制度は、被相続人の債務について無限の責任を負う単純承認と、全く責任を負わない相続放棄の中間に位置するということができる。

もともとローマ法では、相続人が被相続人の債務については無限責任を負うことは当然としていた。それは社会道義観からいっても限定承認は被相続人にとって不名誉なことであり、子たる相続人にとっても親の恥辱は、同時に家の恥と考えられていた。子が親の全債務を完済することは家の名誉を保持し、家の信用を維持するのに必要であったのである（原田慶吉「日本民法典の史的素描」創文社二四〇頁）。しかし、時代の変遷を経て現代法では家の名誉を離れて、債権者と相続人双方の利益をどう調和させるかの間にあって揺れ動く立法者の姿を浮き彫りにする条文を各所に見せている。わが現行民法典における限定承認の定めもまた然りというべきである。

一七　世事見聞録・甲子夜話

バルザックの「ゴリオ爺さん」やオースティンの「高慢と偏見」で、当時の人々が生きたヨーロッパの相続を結婚を通じてみたのであったが、では、同時代のわが国の相続はどうであったのか、「世事見聞録」と「甲子夜話」の二篇の随筆から養子縁組の上で振り返ってみようと思う。

ではまず「世事見聞録」から。引用本文は、岩波文庫「世事見聞録」本庄栄治郎校訂、奈良本辰也補訂による。この随筆は、一八一六年ころ書かれたとされる。著者は武陽隠士というペンネームしか分かっていないが浪人と考えられている。その内容は、士農工商などの商業別に別けて当時の風俗を描写しているが、単に事実を書きつらねたものではなく、筆鋒鋭く批判に満ちた内容を持っている。

なお、その著者については、「公事訴訟の事」の項で、審理期間の長期化、訴訟費用のかかり過ぎなど具体的、かつ、詳細に亘りながら、末尾に訴訟の広範なことからすべてを言い尽せないと述べ、さらに「殊に公辺の恐れもあり、また元来の御制法を弁へざれば私の了解に極めがたき所もあれば十が一を述べて止むものなり。」(二二七頁)と書いているのでこのような記載からであろうが、公事訴訟の実務にかかわった者であろうとも言われている。

「武士の事」の項（四三～四四頁）

また養子縁組など整ふるにも、人物の善悪を次にし、実方の家柄をも構はず、持参金の多分なるを善しとし、あるいはまた離縁いたし、持参金そのほか衣類・諸道具等を返さず。幾度も縁組いたし、幾度も養子をいたす。一体、養子は先祖の家を嗣《つ》がせ、殊に御奉公を勤むべき大切のものなれば、実子同様に教育を加へ、とくと行状を見届けたる上にて家督を譲るべきはずなるに、当時は持参金を多く取ることを是として、後のなりゆきをも構はず、あるいは親族同姓の内に、養子致すべき筋目のもの、または厄介等の内、随分相応の人物ありといへども、持参金の望み叶はざるものゆゑ、表向き病身と偽りこれを除き、先祖の血脈を絶やし、とかく他姓のものの財用のたよりあるを好みける故、親子の因《ちぎり》を結ぶといへども親の実義立たず、親の権威も弱く、また養子の方も土産金を多分持ち来たりしを自慢に心得、親の教訓をも空耳に聞き、あるいは養子の行状、養父の気に入らずして、離縁致したくも、持参金を多分取り置きし上なれば、これを返すべき力なくて、是非なくそのままになし置けば、養子はその虚に乗じてなほもつけ上がり、あるいは親も子の非議を罵《ののし》り、子は親の不実不本意を誹《そし》りて、一生不快に過ぎゆく族《やから》、多くはその親子の因を互ひに欲情にて結ぶ故なり。また親子とも右体欲情なる故、家督を早く渡すまじとし、養子は早く請け取るべき手段をなし、互ひに心中にその争ひを含む事なり。

大意は、養子縁組に際しては、養子の人物としてのよしあしや養子の実家の格式などはどうでもよく、ただ持参金さえが多ければよいとして離縁しても持参金も持ってきたものも返還しない。こうしたことで何度でも養子を迎える(筆者注、このようなことを「婿喰い」と言い、「嫁喰い」という言葉もあった)。そもそも養子は、先祖からの家を継がせるものだから教育をして行状を見届けた上で家督を譲るべきなのに、近頃は持参金が多ければよしとして、後のことはどうでもよく親族、同姓のなかに養子としてしかるべき筋の者や、家にいる厄介者の二、三男のうちで見込みのある者がいても持参金のつかないのは、表向きあれは病身だと取り除いて、先祖以来の血統を絶やしてまで金持ちの他姓の者を養子に迎えるから養親の立場が弱まる。そして養子の方は持参金をかさに着てかかるからうまく行かなくなってしまう。離縁したくともそのときにはすでに持参金を使ってしまっていて返す力もない。こうして家内不和は深まる。さらには双方とも、もとは欲からはじまった養子縁組であるから、養親の方は家督を遅く譲ろうとし(隠居するのを遅くする)、養子は早く譲らせようとするので常に争いが絶えないのである。

と言っている。

次に、「甲子夜話」であるが、著者、松浦《まつら》静山(一七六〇—一八四一)は、肥前松浦の藩主で文武に秀いで四七歳で隠居しているが、名君であったと言われている。「甲子夜話」は、静山が六二歳になってから書きはじめ、八二歳で亡くなるまでやめなかった全二七八巻に及ぶ大部のものである。内容は、幕末間近の世相風聞をはじめ、武士としての面目や識見を示す部分も多く、これから引用する本文は、

「松平越中守定信心得書《ガキ》」からのもののようであるが、定信とも交友関係があったようである。甲子夜話篇三四巻（中村幸彦、中野三敏校訂「甲子夜話続篇4」平凡社）からやはり武士の養子をみてみる（三七頁）。

爰におゐておのづから勝手向不如意に相成、可レ嗜武具をも不レ嗜、益なき事に金銀を費し、是をつぐのはん為に、多くは筋目なき者の子を金銀の持参にめで貰ひ、軽きものの子を縁金に依て養子とし娵と致より事起り、自然と家風取乱し候。天和の法制に有レ之、養子は同姓相応の者をいたし、若無レ之におゐては、異姓より致す共、筋目を糺すべきの法制に候。某存るには、以後養子を致とも、娵取致とも、縁金と申事を令二停止一、只由緒を糺し、婚姻すべき時節を延さず、相互に取結ぶべき事に候。

大意は、無駄な金を使い、そのために縁もゆかりも血のつながりもない者の子を持参金ゆえに貰い子とし、身分違いの軽い者の子を縁金（著者注、持参金）によって養子としたり、嫁にしたりすることから問題を生じ、ひいては家風が乱れることになる。天和の法制（筆者注、天和《てんな》三年改定—徳川綱吉—の武家諸法度にいう「養子ハ同姓相応ノ者ヲエラビ若シコレナキニ於テハ由緒ヲ正シ存生ノ内ニ言上致スベシ」）にもあるではないか。養子縁組は、同姓で家格相応の者とすることが原則で、もしそのような者がおらず異姓の者と縁組するときはきちんと筋目をたてるべきである自分（筆者注、松平定信であろう）が考えるには、今後は養子縁組についても婚姻についても持参金を禁止することにするべきである。養子縁組は筋目をたて由緒をただすだけでよく、婚姻はその適齢期をはずすことのないようにするべきである。

と言うのである。

また、同書には（前掲、平凡社本四九頁）これと同趣旨の意見（「『天明厳密録』小普請植崎九八郎が呈書」とある）が採録されているが、その中に、「なげくべきは、金銀より上の大切なる物はなきと世上心得候事」と当時も今も変らない状況が誌されている。持参金付きの養子は、「金談養子」とも言われていたようである。

このように、「世事見聞録」と「甲子夜話」がともに婚姻よりも養子縁組を重要視して取り上げているのは、ともに筆者が武家で家名相続が念頭を占めていたからであろう。

養子制度については、我が国では古代から変遷がある。律令時代は、戸令《こりょう》などの当時の法令によると、養子はあくまでも男子のないときの家督相続（家と財産）を目的とし、かつ、同姓男系の近親による血縁の継続を重くみたものであって、女子があっても家を継がせることができず、その女子に同姓（男系の親族）から男子を養子として結婚させる以外に家督相続の方法はなかった。すなわち、戸令では「凡ソ子無クバ四等以上ノ親《シン》ノ昭穆《ショウボク》ニ合《カナ》ヘル者ヲ養フコトヲ聴《ユル》セ。即チ本属ニ経《フ》レテ除キ附ケヨ」

とあり、原則として異姓の男子を養子とすることはできなかったのである。なお、戸令の親等は、現在とは若干異なるようである。また昭穆とは、養父と養子の間に年令の差（一五歳とされる）が必要なことを言っている（現行民法では、普通の養子縁組では単に尊属養子と年長養子が禁止されているだけであるが、後で触れる特別養子では、原則として養親は二五歳以上、養子は六歳未満でなければならない）。なお、「本属」とは戸籍保管庁をいう。

しかし、鎌倉時代に入ると戸令の制度はもはや崩れ去り、他人（異姓の者）も養子とすることができたし、女性が養子を迎えることが可能となっていた。さらに、時代が安土桃山時代に下ると、政略結婚に合わせて婿養子が盛んになり、異姓養子は当り前のこととなる（例えば、長尾景虎が関東管領職上杉憲政の養子となり、名跡を相続して上杉政虎（謙信）と名乗ったり、同じ上杉の関係では、景勝の重臣直江山城守兼続が上杉家の存続を図るため、実子があるのに逆に徳川家康の側近である本田正信の次男を乞うて自分の婿養子としている）。また、豊臣秀吉は足利義昭の養子になって箔《はく》をつけようとしてそのときは失敗したが、その後近衛前久の養子となることに成功して藤原氏を称することで関白になっている。

なお、家臣の子の元服に際し、烏帽子親《えぼしおや》となり、烏帽子をかぶらせ自分の名を一字与えて子は童名を改めることが鎌倉時代以降、慣行となっていたが、これは形式的儀礼で仮親ともいうべきもので養子とするものではない。

江戸時代に入ると、庶民の養子縁組は、婚姻の手続と同じように養方（養父母の方）と実方（実父母の方）とで証文の取り交しが行われるようになった。中田薫博士の「徳川時代の文学に見えたる私法」（岩波文庫版一六〇頁）に「諸人通用証文案書」から例文を採り上げているが、そこには持参金を「樽代」と称しており、さらにこれ以上は養方で実方に対して樽代を要求しない旨も書き添える文案になっている。この持参金は、「敷銀（金）」、「土産銀」、「持参銀」などとも言ったようである。また、養子は「嫡出長男」の身分を取得して、養親にその後実子が生れても養子が得たその「嫡出長男」の身分を失うことなく、そのまま家督を相続させることをその証文に書き込むことも通例であったとされる。ただ、婿養子の場合は、養子は家名のみを継ぎ、財産は家女が相続することもあったようである。しかし、証文があるといっても、養子を迎えたのち、実子が生れたときには人情から問題が生ずることは豊臣秀吉と秀吉が継嗣とした甥の秀次、その後生れた実子の秀頼の図式と結末とを見れば明らかである。

養子縁組をしたのちに実男子が出生したときの例を徳川時代初期の武家に見てみよう。

松尾芭蕉の最高弟、向井去来は、医師の次男（八人の兄弟姉妹がいる）として一六五一年に生れたが、一八六六年、一五歳のとき母方の叔父である福岡藩士久米升顕の養子となり武道に精進していた。その三年後、久米家に長男元察が出生した。そしてそれが原因と考えられるが、一六七〇年台の中ごろ（去来二五歳ころ）去来は養家を辞して武家を捨て以後一〇年くらいの間家業の医家の手伝いなどをしたのち、俳諧の道に専念することになる。そして、

去来の有名な句

元日や家の譲りの太刀佩《は》かん
鎧着てつかれためさん土用干《ぼし》
鴨鳴くや弓矢を捨てて十余年

は、いずれもその武家として生活したことがもととなっている作品である。この句の背後に一〇年の養家での生活の思いを絶ち切れない彼の心情を汲みとることができるであろう。なお、去来と、のちに久米家を相続したと思われる元察との間には俳諧を通じた交流があったから旧養家とはよい関係が続いていてそれだからこそ前掲のような明るい句も生れたものであろう。

このころ、主家である福岡藩主黒田家でも似たようなことがあり、いろいろ風説が流れていたと思われ、それが去来の養家を去ることに影響を及ぼしたかも知れない。風説というのは、例の黒田騒動の一方の主人公、黒田忠之の跡を継いだその長男光之が実男子長清（一六六七年生れ）がいるのに、あえて光之の弟之勝の養子となっていた綱政を養子にした（一六七七年）が、そのような内紛ともとられるようなことをさすのであろう。のち綱政は一六八八年光之のあと福岡藩主となり、長清は、同年分封の上、直方藩祖となっている。また、このような問題が江戸時代に遺産相続のからむような裕福な庶民間でも起きていたであろうことは十分に想像できるのである。

同じ趣旨で、武家の養子にあっては、仮養子（当分養子、心当《こころあたり》養子ともいう）などと言って実子が生れたらその養子縁組を撤回する契約のもとでの養子もあった。また末期《まつご》養子（急養子、遽《にわか》養子ともいう）

というのは、これもまた武家特有のもので実子がなく養子もいないときに急病などで死が迫り、本人に意識がなくなったときに周囲が本人の名で養子縁組をしたり、あるいはそのいとまもなく死亡したときに死を秘匿して養子をたてて届出るものである。本来、たてまえとしては、このような養子は奉公を旨とし、日頃から主従の関係を緊密にしておかなければならない封建社会では許されるべきものではない。しかし、これを貫ぬくと家の断絶が増加する。だが、徳川幕府は成立当初そのたてまえを利用して政策とした。そのため、大名家の断絶、取り潰しが続出し、幕府はその基盤を確立したのであるが、その一方では浪人が巷に溢れ、不穏な空気が世間にひろがり、ついに由井正雪の乱が起きた。そしてその乱を契機に幕府は法制を改め、一六五一年（正雪の乱の事後処理の直後）五〇歳未満の末期養子は、「吟味ノ上」認める。五〇歳を超えた者が末期養子を迎えることは許さない（生殖能力が失われたあとは実子は生れることは稀《まれ》だから、それ以前に養子を迎えておくべきだという意）という制度を発足させた。その後、一六八三年の天和《てんな》令でさらに末期養子を迎える規制を緩め、五〇歳を超えた者にもこれを許した。末期養子については、穂積陳重《のぶしげ》「法窓夜話」岩波文庫三二〇頁以下に詳しい。さらに、「異姓養子の原則禁止」も武家特有のもので、「世事見聞録」、「甲子夜話」でも当然のように出てくるが、これも庶民の間ではまったく問題にならず、古くから自由に縁組が行われていた。もっとも庶民に対する御触書には「養子、入聟はなるべく親戚の中より選ぶべし」というのも含まれてはいた（穂積重遠「徳川庶民生活法典」法学協会雑誌六一巻一、二号一五頁）。「異姓養子」の禁止は、武家法が律令時代の法制に逆戻りしたもので、武家が血統による世襲を重くみたからである。そして、封建制を維持するため、やむを得ないときでの異姓養子の場合であっても養子の身分を吟味し、貴賤や分限（身代、財産）のかけはなれている者を禁じていたことが「世事見聞録」、「甲子夜話」で明らかである（養子の「同姓異姓論」については、三田村鳶魚「鳶魚江戸文庫25」中公文庫三二五頁以下に詳細である）。また、同時に幕末における武士が生活の窮乏から御家人株や武家の株を金持ちの商人に売って養子にすることが続出した萌芽も同書などからすでにうかがえるのである。

ここで現在の養子制度を相続面とその周辺に限ってみてみることにする。

普通の養子は、実方の相続権は、親族関係から生ずる他の法律上の権利義務とともにそのままで変ることはない。ということは、養子になったことで、実父母の相続権及びその代襲相続権、実兄弟姉妹の相続権も失わないし、その人々に対する被相続人ともなる。一方、養方の相続権は実子と全く同一であるから、養子は実方、養方双方の相続権がある。

ところが、民法の一部改正で昭和六三年一月一日から施行された特別養子制度による養子は普通の養子とは相続権の範囲が違ってくる。この特別養子というのは、いわゆる「藁《わら》の上からの養子（生れてすぐに他人の子を自分たちの実子として虚偽の出生届をして養育した子）」と、普通の養子との間をゆく立法者の苦肉の策のもたらした制度である。その立法の直接の背景には、昭和五〇年代後半からの菊田昇医師の事件が生々しい。特別養子縁組が成立すると、原則として養子と実方の父母及びその血族との親族関係は終了するので実方に関係する相続権は発生しないことになり、養方のものだけということになる。そして特別養子の戸籍についてつけ加えると、まず養子の単独の戸籍が作られ、その後ただちに養父母の戸籍に記載される。そのときは、普通の養子と違って実父母の名は登載されないし、続柄は実子と同じ取扱いになる。しかし、「養子」の語こそ記載されないものの、身分事項欄に、「平成○年○月○日民法八一七条の二による裁判確定、○○市○○町○○番地○○戸籍から入籍」と記入されるから成長してこの戸籍に不審を抱いた養子が調査すれば、簡単に養子であることが判明してしまう。だから、養子に養子であることを秘匿していたいという動機から特別養子制度を選択した養父母の気持ちはここでかなえられないことになる。現在の特別養子に関する戸籍のあり方は姑息《こそく》な立法者の意図がありありという批判を免れがたいであろう。

ちなみに、平成一一年度に家庭裁判所で認められた全国の特別養子は四四七人にのぼっている。

このようにして実方と親族関係を絶ち切って特別養子になった幼児の大部分は、おそらく将来とも実方の人々と事実上も生涯没交渉で過すことになると推測される。

この特別養子と似て非なるものに、度々禁令が出ていたのにかかわらず徳川時代から明治大正にかけて、不当な目的をもち「一生不通養子契約」という契約のもとでの養子が多数存在した。この契約証文の中には「実子同様におぼしめし、ご養育お世話お頼み申し入れ候。もっとも、子、兄弟の縁を切り、一生不通養子に進め候上は……」のような文言の入ることが知られている。この養子は、おおおむね一六歳から一八歳くらいの女性に限られており、養子の親と、娼家の主人との間の契約で女衒《ぜげん》が保証人となるいわゆる身売りの偽装養子であって、遊女、芸妓として身柄を拘束するために行われたものであった。そこで、明治時代後半、裁判所ははじめこのような養子は形式上は養子縁組の形を備えて届出てはいるが、養父母、養子ともに真実に養子の関係を結ぼうというものではなく、ただ芸妓、遊女稼業に身をしばることを目的とするのであるから養子縁組の意思を欠くとして無効とした。しかし、のちには、民法九〇条により公序良俗違反の理由で無効とするに至った。

なお、一生不通養子契約のなかには、実方と養方の身分の隔絶が大きい場合などにも行われていたようで、当時としてはそのような必ずしも不当と言えないものもあったのである。これは、将来経済力の乏しい方から金品をせびられるのをあらかじめ絶つためのものであって、大坂地方で行われた割り切ったものの考え方に基づくものとされる。その契約の例を掲げる（大竹秀男「封建社会の農家族」創文社一三五頁）。

不通養子貰請為取替一札

一其元殿実子何次郎義、今般何屋何之助殿仲人ヲ以、私方へ不通之約定ニて養子貰受、右持参銀ニて正銀五枚被遣、慥ニ受取申候処実正也、若及不縁ニ候節ハ、右持参銀其儘差戻シ可申候、然ル上は何次郎身方ニ付如何体之儀出来仕候共、無心合力ケ間敷儀子孫ニ至迄申間敷候、〔後略〕

年号月日

誰

名　宛

一八　オリヴァ・トウィスト

この物語りの梗概は、主人公（と言っていいかどうか疑問であるが）オリヴァ・トウィストはロンドン近郊の救貧院（ウォーキングハウス）で生れたが、母はすぐ死んでしまう。父は物語りの終り近くまで誰か明かされない。オリヴァは、救貧院で他の孤児たちとひどい待遇を受けながら育ち、のち、少年たちを手先に使ってスリ、泥棒をさせて稼いでいるユダヤ人フェイギンや悪漢サイクス一味に引き入れられるが、正直で素直な心を失わないで最後は幸福になるというものである。

作者は、チャールズ・ディケンズ（一八一二―一八七九）で、一八三〇年台のイギリス社会の裏面がリアルに描かれている。

この物語りを持ち出したのは、そのテーマではないが、終末近くにおそらくは当時行われていたであろう遺言書の内容が出てくるからである。作者のディケンズは、小説を書き出す前に弁護士の書生として働いていたので「大いなる遺産」など彼の作品にはそのとき習得したと思われる法律問題がしばしば取り扱われている。この物語りに出てくる遺言書の内容もまたそのひとつで絵空事の遺言書で

⊗リーフォード夫人
═┬○エドワード・リーフォード（偽名モンクス）
⊗エドウィン・リーフォード
～┬○オリヴァ・トウィスト
⊗アグネス・フレミング

はないと思われる。

まず関係者は、図のとおりである。死亡の順は、遺言者（被相続人）エドウィン・リーフォード、その恋人で主人公オリヴァーの母アグネス・フレミング、悪者エドワード・リーフォードの母のリーフォード夫人の順である。アグネスは、エドウィンが三一歳で死亡したとき、オリヴァを身ごもっていたが、オリヴァを出産するとすぐ二〇歳で死亡している。エドウィンとその夫人との結婚状態は早くから破綻していて、長い間別居の状態が続いていたのである。

問題の遺言書の内容は、つぎのとおりである。

リーフォード夫人とエドワード（モンクス）に各八〇〇ポンドの年金を与える。それ以外の財産は、二等分してアグネスに二分の一と、生れてくる子が生きて成年に達したときに二分の一を遺贈する。ただし、生れてくる子が女の子であるときは、その二分の一は無条件に遺贈するが、男の子であるときは、成人に達するまでに不名誉、卑劣、非行といった行為が表沙汰になってその名を汚すことがなかった場合に限って遺贈する。もし、遺贈できないことが証明されたときは、エドワードに兄としての優先権を認めて、右の二分の一は同人に与える。なお、エドワードに右にいう二分の一が与えられないとき八〇〇ポンドの年金にとどまるのは、遺言者である父に憎しみを持ち反抗的で、性悪で意地の悪い性格の持主であるからである。

というのである。

ここには、アグネスの子が死産であったり男の子が生れて成年前に死亡した場合について、二分の一の残遺産の処置が明らかにされていない。また、リーフォード夫人は、その夫の遺言者が死亡したとき、その傍にあった遺言書を破って捨て去り、全財産の大半を使い果し、オリヴァが受け取ろうとしたとき（まだ成年に達していなかったが）には、六〇〇〇ポンドくらいしか残っていなかった。オリヴァ側はそれを二等分して半分をモンクスに渡したが、モンクスはそれも使い果してのち、獄中で死亡した。

このような事実を現在のわが国の民法で解決するとなるといろいろな問題が考えられる。まず、アグネスの子が死産であったり、男の子が生れても未成年で死亡したときは、遺言がないのであるから、二分の一の残遺産は、エドワード・リーフォードとその母であるリーフォード夫人とが半分ずつに分割することになろう。オリヴァがかりに二〇歳までに、よくない行為が表沙汰になったときということについては、その非行などの程度が争いの種となるだろう。判断は、裁判所にゆだねられることになるが、現在の遺言では、このようなややこしいものは見られない。また、リーフォード夫人の遺言書の破棄は、民法八九一条五号に当たるから、彼女は相続人となることができないし、刑法二五九条に定める私用文書等毀棄罪に当たり、五年以下の懲役に処せられることになる。また、アグネスの遺贈分を勝手に使ったことは、刑法上は、横領罪（刑法二五二条）に当たり、民法上は、民法七〇九条の不法行為に因る損害賠償責任ないし、七〇三条、七〇四条による不当利得の返還義務を負うことになろう。

一九　我らが共通の友・幻談

「我らが共通の友」もまた、ディケンズがその生きた時代を書いた作品であるが、そのなかの遺言がらみのところを紹介すると、

塵介《ごみ》処理請負業者として超低賃金の労働者に女性を使って大資産家となった男が妻を離婚したのち、娘が気に入らぬ男性と結婚するというので勘当し、それをいさめた息子まで追い出してしまう。しかし、その息子のために遺言書を残して死亡した。その内容は、

塵介《ごみ》の山の一番低い山を、そのふもとの住宅とともに、単独遺言執行者たる旧使用人のボッフィン氏に与える。その残りの全部の財産は息子に与える。ただし、息子の相続は、ある娘（遺言書作成当時四、五歳。遺言者の死亡時一九歳くらい）と結婚することが条件である。そしてその付帯条件が満たされない場合は、すべての財産は、右の旧使用人に遺贈する。息子が結婚する前に死亡してしまったときもまたすべての財産は右の旧使用人に遺贈される。

というものである。ここでも遺言書に条件が出てくるが、「オリヴァー・トウィスト」の遺言よりはるかに単純である。話の展開は、その息子、ジョン・ハーマンが父の死と遺言の存在を知って帰国途中、自分が殺害されたと誤認されたのを利用し、結婚相手に指定された女性に近づいてゆくことをひとつのテーマとしている。ほかのテーマをからめてのかなりの長篇でディケンズの最後の小説であり、筑摩書房のちくま文庫（上・中・下三巻）間《はざま》二郎訳が流麗である。

さて、ここで問題をふたたび冒頭の相続は誰の問題であったか、いつころからわれわれの問題になったのか、庶民の貧窮のドン底はつい昨日まで続いていたことを東西ひとつずつ例を挙げて振り返り本稿を終えることにしたい。

今ほど見たディケンズの「我らが共通の友」は、一八六〇年台前半のロンドンが舞台である。第一章は、その中を流れるテムズ川のサザック橋とロンドン橋の間、流れてくる溺死体から身ぐるみ剝ぐことや利用できそうなガラクタを引き上げることを商売にしている父親とその娘、その商売敵《がた》きの男の行動からはじまる。父親は水の中に手を入れてまず土左ェ門の衣服から硬貨を取り出して、死体をボートにつないで商売敵きに雑言をあびせて帰途につく。前記の間二郎訳で抄出してみよう。

リジーの父親は、人倫を説き正義の城を守った人にふさわしい、ゆったりした態度に戻り、おもむろにパイプに火をつけてぷかりぷかりとやりながら、ボートが曳いている獲物を眺めやった。その獲物は、大抵は素直について来ていたが、ボートの進行が妨げられるとぞっとするような不気味さで彼の方に突き進んで来たし、時にはのたうちまわって曳き綱から逃れようとするかに見えた。この道の新参なら、さざ波がその顔の上をよぎるのを見て、その顔が目を閉じたまますらすら表情を変えたのでは？　と、身の毛もよだつ思いをしたかもしれない―しかしギャッファーはこの道のベテラン、そんな妄想などとはまったく無縁だった。

このわずかな文からも知れるように、テムズ川には、流れてくる死体を目当てに商売にはげんでいた者が少なからずいたということ、その死体も数多く、犯罪によるものかどうかの区別もなくそのまま海に流れてゆく、あるいはふたたび放り込まれるのが日常であったことがはっきりしている。これがイギリス一九世紀後半の産業革命の成功による拝金思想のはびこる社交界の華々しさの裏側そのものであったわけで、このような人たち―死体となる側も、これを拾う側も―、また、これに近い生活を強いられていた人々が大半であった当時、庶民には相続問題が起きようはずはなかったのである。

実は、わが国の江戸にも、テムズ川と同じことが起きていたのである。

時代は、「我らが共通の友」の一八六〇年台より少しさかのぼって幕末に近い一八三〇年ころか。幸田露伴最晩年の傑作「幻談」にそれは現れる。

黒鯛の舟釣りの好きなヒマな武士が、いつものとおり、吉という船頭と神田川を舟で下って海で釣りをするが前日に続いて全敗である。そのうちに陸の方は暗くなって遙《はるか》にチラチラと燈《ひ》が見えてくる。水際も蒼茫《そうぼう》と薄暗くなってきた。帰りを急いでいると水の中から竿のようなものがヒョイッと出ては引込む。近づくとそれは釣竿で溺死者がしっかり握っている。あまり見事な竿なので武士は溺死者の竿を握った小指を折ってその竿を家に持ち返った。次の日、また釣に出かけるが、今度はその竿を持ってゆく。その日はよく釣れた。その竿に「指折《ゆびお》り」と命名しようかなどと考えながら帰途につくと、また昨日のように水の中から竿が出たり引込んだりするのを見る。武士は南無阿弥陀仏を言いながら昨日の竿を海に返す。

というのが筋である。

触《さわ》りのところは、次のようになっている。

「フム、そうかい」といいながら、その竿の根の方を見て、

「ヤ、お客さんじゃねえか。」

お客さんというのは溺死者《できししゃ》のことを申しますので、それは漁やなんかに出る者は時々はそういう訪問者に出会いますから申出《もうしだ》した言葉です。

竿を取ろうと思いまして、折らぬように加減をしながらグイと引きました。すると中浮《ちゅううき》になっていた御客様は出て来ない訳には行きませんでした。中浮ともうしますのは、水死者に三態あります、水面に浮ぶのが一ツ、水底に沈むのが一ツ、両者の間が即ち中浮です。引かれて死体は丁度客の坐の直ぐ前に出て来ました。

（中　略）

とにかく竿を放そうとして二、三度こづいたが、水中の人が堅く握っていて離れない。もう一寸《すん》一寸に暗くなって行く時、よくは分らないが、お客さんというのはでっぷり肥《ふと》った、眉の細くて長いきれいなのが僅《わずか》に見える、耳朶《みみたぶ》が甚《はなは》だ大きい、頭はよほど禿《は》げている。まあ六十近い男。着ている物は浅葱《あさぎ》の無紋《むもん》の木綿縮《もめんちぢみ》と思われる、それに細い麻《あさ》の襟《えり》のついた汗取《あせと》りを下につけ、帯は何だかよく分らないけれども、ぐるりと身体《からだ》が動いた時に白い足袋《たび》を穿《は》いていたのが目に浸みて見えた。

（後　略）

（岩波文庫「幻談・観画談」）

こうしてみると、神田川を下り、隅田川の河口付近から海辺にかけていろいろな死体が流れて来ていたことが知れる。これは、古典落語「野ざらし」のテーマにもなっている。幻談の溺死体は、貧困な風体ではないし、釣竿を奪ったのも武士であって、死体から物を奪う者らが出没していた様子もないが、死体が多く流れついていたことは事実であってそれが捨ててかえりみられることがなかったのであるから、イギリスのテムズ川の実態とは本質的に変るところはない。行方不明者の捜索もどこまで行われたものであろうか。ことに貧困層の庶民の間ではままならなかったものと思われる。相続問題の発生などの余地は一切なかったのである。

あとがき

本書を書き終えて読み返してみると事項によってかなり精粗があり、雑駁なところがあることは否めなく、かつ、なお取り残しもあるはずであるが、一応、遺産の紛争について古典文学と相続法との隙間はある程度埋めることができたのではないかと自負している。

他方、強引に自説を組み込んだところもあるが、これは、本稿の目的と方法に伴う内容が未踏の分野である以上は、やむを得ないものとして、ご宥過をお願いしたい。

また、参照した古典・資料と文献については、引用する都度、その箇所で詳細を示すことにした。読物としてはどうかということもあるが、別に注で示したり、末尾にまとめたりすることは、いちいち頁をくらねばならないわずらわしさがいつも私には耐えられないからである。これもまた諒とされたい。

本書の姉妹書の『遺産分割の調停読本』(信山社、二〇〇一年)は、遺産分割調停事件の実務担当者を主な読者と想定して執筆した内容であるが、本書は同書を補なう読み物としても、また、同書とは離れて寝ころびながら斜め読みもしていただけるようにとも心掛けながら書いたものである。

本書のなかの二、三の古典については、右の『遺産分割の調停読本』の記述と若干重なる部分があることをおことわりしておく。

最後になったが、この度も信山社にはいろいろとお世話になったことを深く感謝申し上げる。

二〇〇一年五月

著　者

索　　引

う

え

お

か

き

く

す

せ

わ

著者紹介 ――

平 柳 一 夫（ひらやなぎ かずお）

最高裁判所書記官研修所修了後、新潟地方裁判所事務局長最後に平成2年裁判所を退職。同年から現在まで東京家庭裁判所参与員、家事調停委員。また平成3年から㈱インフォメーション・クリエーティブの取締役管理本部長を経て、現在監査役。

著作に歌集『事につき時ふれたる』、『筍』、『瞠』。『齋藤茂吉作歌経緯』、『遺産分割調停必携ハンドブック（第2版）』改題『遺産分割の調停読本』（信山社、2001年）がある。

古代からの遺産争い

2001（平成13）年10月30日 第1版第1刷発行 3067-0101

著 者 平 柳 一 夫

発行者 今 井 貴

発行所 信山社出版株式会社

〒113-0033 東京都文京区本郷6-2-9-102

電 話 03（3818）1019

FAX 03（3818）0344

henshu@shinzansha.co.jp

Printed in Japan

印刷・製本／勝美印刷

ISBN 4-7972-3067-3 C3332

NDC分類 324.701 3067-0101：012-100-020

平柳一夫著　二二〇〇円

遺産分割の調停読本